# 中国工場
## トラブル回避術
### 原因の9割は日本人

元ソニー設計者が伝授！
絶対に不良を出さないソウハウ

ロジ代表
小田 淳 著

日経BP

# はじめに

現在、日本のビジネスマンは、海外で仕事をすることが当たり前となっています。特に「ものづくり」といわれる製造業は、中国などアジア圏の国々と密接な関係にあるのが現状です。

一昔前に盛んだった欧米諸国との仕事とは違い、アジア圏の国々では日本語通訳がいてくれて日本語で仕事できる場合が多いので、欧米よりも仕事をしやすいと考えがちです。しかし、仕事上のトラブルや不良品の発生は、とても多いのが実情です。中国に日本の企業が進出して既に40年が過ぎようとしていますが、この状況はいまだに変わりません。

ただし、このような状況の中でも問題なく中国人とうまく仕事を進めている人が実は多くいるのを私は知っています。いったい何が違うのでしょうか。何を変えれば良いのでしょうか。

本書は、私がエンジニアとして中国に駐在し、ものづくりをしてきた失敗と成功の経験から、海外の企業と一緒に仕事をするビジネスマンや企業を対象に、これらの「なぜ」と「どうすれば」を、実践的かつ具体的にお伝えしています。

## ●中国で相変わらずトラブルの多い日本人

ものづくりを行う製造業には主に次の3つがあります。また、いずれかが組み合わさっている企業も多くあります。これらの3つの企業が連携して製品を造るのです。

- 設計メーカー……設計を行う企業
- 部品メーカー……部品を製造する企業
- 組立メーカー……製品に組み立てる企業

2000年をピークに、日本の製造業はその多くが中国に進出しました。目的は、労働賃金が安く大きな市場が中国にあるからです。製品を組み立てる作業は多くの人員を必要とするため、その人件費が安い中国の組立メーカーに組立作業が移管されていきました。

組立メーカーが中国にあると、そこに部品を供給する部品メーカーも必然的に中国に増えます。部品の輸送費が安くなり関税も無くなるからです。よって設計メーカーは、部品の製造を中国の部品メーカーに依頼するケースが増えました。高機能、高性能の部品は日本から中国の組立メーカーへ供給する場合もありますが、一般レベルの部品はほとんど中国の部品メーカーが製造することになりました。

　こうして日本に残ったのは設計メーカーだけです。設計は、部品の製造や製品の組み立てとは異なり、多くの人員や生産設備・装置を用意すれば海外に移管できるものではありません。さらに、企画部門や研究開発部門などとも密接に関わり合いながら仕事をしなければなりません。全世界の市場に向けた共通設計の製品も多くあります。こうした理由により、設計メーカーは簡単には海外に進出できるものではないのです。

　このような現状から、設計メーカーは日本、組立メーカーと部品メーカーは中国という構図になるのです(**図**)。よって日本の設計者および、設計者に関わりながら仕事をする品質管理・購買・生産技術などの担

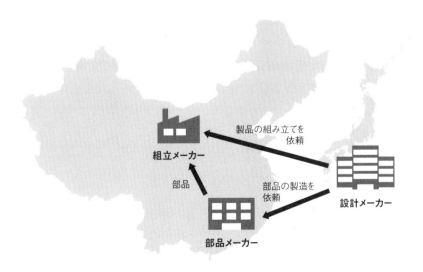

**図　ものづくりに関わる3つの製造業とその所在地**

当者は、中国の組立メーカーや部品メーカーを頻繁に訪れる必要が生じてきました。

ところが、こうした中国のメーカーと一緒に仕事をした設計者やその他の担当者の多くが、「普通〜のハズ」「〜と言ったハズ」「〜のハズじゃない」と不満を漏らすことになっています。日本企業の中国への進出は1980年代から始まっているのですが、この状況は今なお変わっていません。どうして長年にわたり、これらの3つの「〜のハズ」が解消できないのか。その理由と、それらを解消する方法についてお伝えするのが本書の目的です。

私は設計メーカーのエンジニアとして、中国駐在中のほとんどの時間を数多くの中国の部品メーカーや組立メーカーの担当者と直接的に関わり合いながら仕事をし、数多くのトラブルに遭遇し対処してきました。本書では、私たちが中国人の担当者と接するとき、具体的にどのような仕事の進め方、対応の仕方をすればこれらの3つの「〜のハズ」を解消できるかを、私の実経験を基に実践的かつ具体的にお伝えします。

本書を最後までお読みいただくことによって、次のことが得られるはずです。

[1] 国民性の違いによる中国人との接し方を理解できる

[2] 中国人への適切な会話や情報の出し方（会議/メール）を理解できる

[3] 製品化プロセス上で、不良品やトラブルを事前回避する方法を理解できる

[4] 中国の製造現場で不良品の原因の見つけ方のノウハウを理解できる

[5] 一目置かれる日本人の立ち振る舞いができる

私はエンジニアであり、その中でもメカ（機構）系のエンジニアです。そのため本書で使う言葉や事例、エピソードはエンジニア的なものが多くありますが、エンジニアでなくとも、自分の業務に置き換えていただければ、十分に活用できる内容です。特に第7〜9章以外はエンジニア的

な内容ではなく、海外でビジネスをする全ての人に知っていただきたい内容となっています。

　本書は、中国に限らずその他のアジア圏の国々や欧米の国々でも通じる内容ですが、海外だけではなく日本企業の社内のコミュニケーションや仕事の仕方にも応用できるでしょう。社内における部門間の隔たり、年齢差による意思の伝達が難しくなってきているからです。さらに、新型コロナウイルス感染症の拡大でリモートコミュニケーションの必要性が急激に高まっている状況下では、より本書を活用できると思っています。

　日本のものづくりが中国の攻勢により弱りつつある中、日本のビジネスマンとエンジニアには世界でトップを走り続けてほしい──。この思いから、本書を出すことにしました。

小田 淳

2020年11月

# 第1章

# 注意すべき日本人と
# 中国人の根本的違い

# 1-1 「あうんの呼吸」で仕事をする日本人

　日本人はよく仕事において、「来月上旬くらいまでには…」と言ったり、「そこら辺は御社にお任せしますので…」と言ったりします。しかし、このような「(日程が) 曖昧」で「(依頼の一部を) 一任」するような依頼方法は中国で通用するのでしょうか。また、日本のものづくりの現場で働く人のスキルはとても高く、作業現場も整理整頓されています。果たして中国はどうでしょうか。

　まずは、私たち日本人と中国人の現状を理解することから始めたいと思います。

### ●雑貨商の曖昧な指示が生むトラブル

　私が前職のソニーを辞め、現在の仕事を始めて間もない頃のことです。中国製の雑貨を取り扱う商社の社長と話をする機会がありました。この商社は、水筒を中国から輸入しています。水筒の表面に印刷してある絵柄は、この商社向けのオリジナルです。

これと同じものを造ってください

**図1　中国メーカーにサンプル品を渡すだけで仕様を伝える日本の雑貨商**

　商社の社長は私に、「輸入した水筒の印刷が少し斜めになっているんです。色もちょっと変だと思います。不良品ではないでしょうか?」と聞いてきました。現物を見ながら私が「印刷の位置と色はどのように指定しましたか?」と質問したところ、「日本でサンプル品を造って、それと同じものを造ってください、と依頼しました」と答えてきたのです (図1)。私は驚きました。

印刷の位置や角度、色には必ずバラツキが生じます。そのバラツキの許容できる範囲を取り決め、その範囲に入っていれば良品、はみ出していれば不良品となるのですが、それを取り決めていなかったのです。これでは、誰も良品/不良品を判断できません。しかし商社の社長は「でも、これだと普通は不良品のハズです」と納得できない様子です。

　印刷の位置や色のバラツキ範囲を指示する方法は幾つかありますが、何らかの指示がなくては、依頼された印刷メーカーの担当者は自分の感覚で良品/不良品を判断するしかありません。そうなれば、印刷メーカーの判断が商社の判断と違っていても仕方がないのです。この商社には、その指示方法の分かる人がいなかったようで仕方がなかったのかもしれません。しかし、良品と不良品の判断基準が決まっていないのに不良品と判断されてしまっては、中国の印刷メーカーも困ってしまうと思います。ちなみに**図2**は、印刷の斜めレベルに関する指示方法の一例です。色に関しては、色のバラツキ（薄い色～濃い色など）が実際に印刷してあるカラーサンプルを作製して許容範囲を指定します。

## ●日本人の作成する曖昧な図面

　次に、いかに日本の設計者が日本の優秀な町工場との間で、「あうんの呼吸」に頼って仕事をしているかが分かるエピソードを紹介します。ある設計メーカーから私に、中国の部品メーカーに部品単価の見積もりを出してもらい、その後に部品作製を発注したいという依頼があり、板金

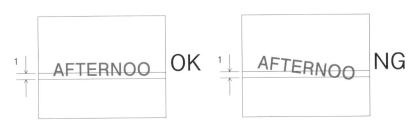

**図2　印刷の斜めレベルに関する指示方法の一例**

部品の図面が送られてきました (**図3**)。

　図面を見ると2つの部品がくっついています。私は2つの板金部品がどのようにくっついているか分からなかったので、設計メーカーの担当者に電話で問い合わせをしました。すると「板金同士だから、普通はスポット溶接になると思いますよ」との回答がきました。

　私は次に「スポット溶接であるのなら、その記号を表記してください。そうしないとスポット溶接のコストが見積もりに含まれません」とお願いしたところ、**図4**の図面が届きました。

　確かにスポット溶接の記号は表記されましたが、寸法が何もないのです。よって私は、「寸法がないと、いい加減な位置にスポット溶接をされてしまいますよ」と、担当者に再度の図面修正をお願いしたところ、「普通はきれいに並べてくれるでしょう」と言われました。でも、もしこの

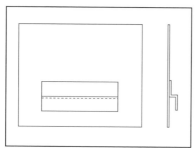

図3　2つの部品がどのようにくっついているか分からない図面

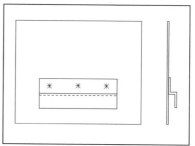

図4　スポット溶接の記号だけが表記された図面

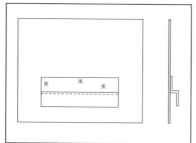

図5　いいかげんな位置にスポット溶接をされた状態。寸法を表記しないとこうなりかねない

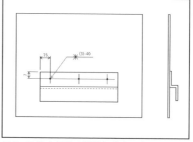

図6　スポット溶接の記号と寸法が表記された正しい描き方の図面

まま中国に図面を送ってしまったら、図5のような位置にスポット溶接がされかねません、と説明しました。

　中国の部品メーカーへの依頼では、明確な指示がなかったために自分の想定とは違う対応をされることが非常に多くあります。よって、私は再度図面の修正をお願いしました。ちなみに正しい図面の描き方は、図6になります。

　この設計メーカーは、普段は長年にわたって慣れ親しんだ日本の町工場に、見積もりや部品作製を依頼していたのでしょう。板金ならスポット溶接が当たり前であり、スポット溶接の点数や位置はお任せにしていても、適切な数のスポット溶接が一直線状にきれいに並んで部品が作製されてきていたのだと思います。

　ところが、中国では日本と同じようにはいきません。中国の部品メーカーには、図6のように正しい描き方の図面で、漏れがなく曖昧でない情報を確実に伝える必要があるのです。もし図4の図面で部品作製を依頼すると、その出来上がった部品に対して「普通はスポット溶接が3カ所くらいで、きれいに並べてくるハズでしょ」という不満が出ることになってしまうのです。

### ●中国の部品メーカーへの曖昧な見積依頼

　次は、別の設計メーカーによる見積依頼のメールの内容を見てみましょう（図7）。

　とても曖昧な見積依頼のメールです。私がこのまま中国の部品メーカーにこのメールを転送すれば、この設計メーカーの担当者が希望する見積価格を得られるまでに、

| 差出人 | ○△□工業 |
|---|---|
| 件名 | 見積依頼 |
| 宛先 | atsushi.oda@roji.global |

小田様

お世話になります。
見積図面をお送りいたしました。
お送りした図面全点の見積もりをお願いいたします。
ロット：100〜1500個

よろしくお願い致します。

図7　曖昧で必要な条件を書いていない見積依頼のメール

恐らく5〜6回はメールのやり取りをするはめになるでしょう。曖昧な箇所は、次のとおりです。

[1] 金型費なのか部品単価なのか、もしくは両方の見積価格が欲しいのか分からない

[2] ロットは100〜1500個の間の幾つの個数で見積価格が欲しいのか分からない

[3] 総生産個数が幾つか分からない

これらが分からないと、見積価格は出てきません。たいていこのような場合は、中国の部品メーカーの独断で見積価格が出てきます。部品単価だけ、あるいはロット1500個だけ、もしくは全部品を合計した見積価格が出てくるかもしれません。そうなると、「金型費もお願いします」「ロットは100、800、1500個の3パターンでお願いします」と再びこちらから見積依頼をすることになってしまうのです。

また中国では次の2点の注意も必要です。

[4] いつから生産開始か

[5] 希望価格はいくらか

日本からは「とりあえず」的な見積もりが多くあり、中国の部品メーカーはそれを嫌がります。お金にならないからです。よって、いつから生産開始するかの情報はとても大切になります。さらに中国では、希望価格の提示もとても大切です。これがないと、ほぼ言い値になってしまいます。過剰に低い希望価格はもちろんダメですが、下調べに基づく希望価格の提示は必要です。希望価格を満足できればいつから取引をしたいという、こちらの本気度を示せば、中国の部品メーカーも現実的な見積価格を提示してきます。

図7のメールでも、慣れ親しんだ日本の優秀な町工場では特に問題なく見積もりはできていたのかもしれません。曖昧なところや分からない

箇所は電話で問い合わせをしていたのでしょう。しかし、中国ではこれらのような曖昧な情報での見積依頼では、部品メーカーの担当者の独断で見積価格が出てきてしまい、それには依頼した側の欲しい価格が一部なかったり、お断り価格になっていたりするのです。結果、「普通〜のハズ」となってしまいます。中国人の担当者が、ちょっと電話して聞いてみるという行動を簡単にはしないことも、このような見積もりになる原因の1つになっています。

## ●トラブルの元になる日本語通訳との口語調会話

　私は日本に帰国した後、量産部品に不良が多発してなかなか必要な数の良品を製造できずに困っている設計者をサポートしたことがあります。この設計者は、中国の部品メーカーを出張で訪問した経験が10年弱ある十分にキャリアのある人でした。この設計者と一緒に中国に出張し、中国の部品メーカーの日本語通訳を交えて打ち合わせをしたとき、あることに気付きました。日本の設計者が早口だったこともあり、彼の口語調の言い回しに日本語通訳の理解が付いていっていなかったのです。

　それは例えば次のような言い回しです。

「その体裁、見た目ギラギラしてない？　なんかミスっちゃった？」
「さっきの会議のもろもろの資料さ、近日中に送ってね。」

　さて、この言い回しの中で中国人の日本語通訳が理解しにくい言葉はどれでしょうか。この文章は日本語通訳が分かりにくい表現を集めて新たに作成したものなので、答えはほとんど全部となります。

　「見た目」「ギラギラ」「なんか」「ミス」「もろもろ」「近日中」の全てが理解しにくい言葉といって良いでしょう。口語調の言葉は中国人の日本語通訳でさえも理解しにくいものが多くあります。さらに「もろもろ」と「近日中」については、仮に意味が理解できたとしても、「もろもろ」と

は具体的に何を示し、「近日中」とは具体的にいつまでなのかが曖昧で分からないのです。これが「〜と言ったハズ」の典型的な例になります。

　前述した水筒と板金の見積依頼の話は、私たち日本人は曖昧な表現で依頼しており、相手の「あうんの呼吸」に期待して仕事をしている実例でした。口語調の話は、そもそも会話の内容が日本語通訳に全ては理解されていない例になります。

　私たちの中国人に対する依頼や指示などに前述のようなことがあると、無視か勝手な判断がされてしまいます。日本でも同じようなことが起こる可能性はあるのですが、日本ではすぐ電話ができます。メールもすぐ返事きます。しかし中国の場合は、中国人の担当者がまず日本語通訳に説明し、日本語通訳が日本の設計者にメールをします。そして日本語通訳が設計者の返事のメールを受け取り、担当者に回答します。とても時間がかかることになります。中国人の担当者は依頼内容に期限があれば、無視するか自分で判断して仕事を進めるしかないのです。

\ Point /

指示のないところ
曖昧なところ
分からないところ

⬇

無視されるか
勝手に判断される

# 1-2 こだわりなく仕事をする中国人

　ここまでは中国人とのやり取りにおいて、「あうんの呼吸」に頼ったり、口語調で会話を進めたりする日本人に多くの問題点があることをお伝えしました。しかし、中国の部品メーカーにも問題はあります。その一部を紹介したいと思います。

## ●不良品を造り出すいい加減な治具

　ここから「治具」という言葉がたくさん出てきます。治具とは部品を加工したり組み立てたりするときに、部品をある位置に固定して加工や作業しやすくするためのものです。

　例えば**図8**は、断面形状の同じ2つの部品（アルミニウム合金の押し出し材）をビスで接合する際、2つの部品の体裁面に段差ができないようにするための治具です。部品を上から押さえるクランパーの先端が最初に治具に当たってしまい、部品を確実に押さえていないことが分かります。

　生産開始後に、2つの部品の接合部に段差が目立ち始めたため、私が

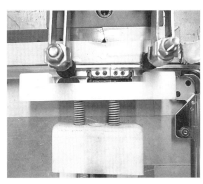

**図8　クランパー先端が治具に当たってしまい、確実に部品を押さえていない**

原因究明のために治具を確認したときに見つけました。この治具を使用する作業者は、この状態を恐らく気付いていたと思います。しかし、部品を治具上に置きクランパーで固定しビスを留めるのが作業者の仕事であって、治具の不具合を指摘することはこの作業者の仕事ではないのです。よって、このままの状態で部品は造り続けられていたのでした。

　別の例を紹介しましょう。図9は、アルミ押し出し材の部品を切削加工するための治具ですが、最大寸法が7mmくらいの大きな打痕がありました。打痕部分は金属が盛り上がっており、このまま部品を取り付けると部品が浮いてしまい、正確な寸法で切削加工できません。これに関しても容易に気付くはずの大きさの打痕であるにもかかわらず、私に指摘されるまで修正しようとはしませんでした。

### ●不良と分かっていながら造り続ける作業者

　図10は、板金部品にスポット溶接をしたものです。溶接位置がずれてしまい、縦長の四角穴の上側が変形してしまっています。四角穴からスイッチのような部品が出てくることは容易に想像ができ、この溶接ミスによってこの部品が不良品となってしまうことは明らかです。しかし溶

図9　治具に大きな打痕があるにもかかわらず気にせず使用している

スポット溶接の痕

変形した部分

図10　スポット溶接の位置がずれてしまっていても、作業者は気にせず生産を続ける

接を担当した作業者はこれを全く気にせず、この溶接作業を続けていたのでした。

　このような中国人の作業意識は、日本人にはなかなか受け入れがたいものです。しかし、中国人のこの意識を変えようとしてもそれはとても難しいため、私たちが何らかの工夫をして、このような不良の発生となる原因を未然に防がなければならないのです。

### ●不良品を生み出す整理整頓されない製造現場

　次は、中国の製造現場を見てみましょう。**図11**は切削加工メーカーの製造現場です。整理整頓がなされていないことが、一目で分かります。このような場所で製造される部品は、不良品ができてしまう可能性は非常に高いといえます。

　一見しただけでも、この写真の中には3つのNGポイントがあります。

[1] カートンが潰れている
[2] 材料袋の上の口が開いている
[3] 部品ケースが床に乱雑に置いてある

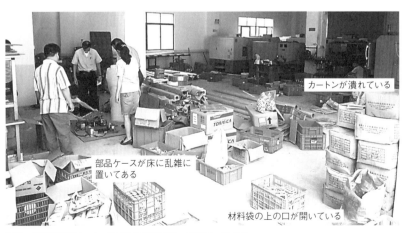

**図11　整理整頓はオーナー(社長)の品質ポリシーで決まってしまう**

まず、写真右の段ボール箱（カートン）が潰れています。このような状況では、自社で製造した部品の在庫が変形してしまっている可能性があります。また、自社で組立作業を行う場合には、購入部品の在庫も変形していたり傷が付いていたりするかもしれません。

　材料袋は、上の口をしっかりと封をして別の材料置き場に保管しておく必要があります。上の口が開いていると、そこからゴミが混入してコンタミネーションといわれる問題が発生してしまいます。例えば、樹脂の射出成形で白系の樹脂ペレットの材料袋にゴミが入ると、混入したゴミが黒い点として部品の表面に現れて不良品となる場合があります。材料袋の保管には、普段から注意が必要です。

　部品ケースが床に置いてあると、これもゴミが部品に付着して不良の原因になります。また、部品ケースが乱雑に置いてあると作業者がつまずきやすく、危険な作業環境といえます。いわゆる品質管理の基本である5S（整理、整頓、清潔、清掃、しつけ）ができていないことになるのです。

　このような製造現場になってしまう背景には、部品メーカーの体質的な問題があります。つまり、部品メーカーのオーナーや社長が品質に対してどういうポリシーを持っているかに依存するのです。私たちがこの部品メーカーの作業者に注意して1度は改善されたとしても、すぐに元の状態に戻ってしまいます。私たちの要望や指導によって簡単に改善されることは決してないのです。

　よって私たちにできることは、このような部品メーカーとは取引しないことです。そのための部品メーカーの選定方法を、第9章で詳しくお伝えします。

第2章

# トラブルと不良品を
# なくす3つのアプローチ

# 「〜のハズ」のトラブル、実は日本人に原因アリ

中国の部品メーカーに部品や製品の製造を依頼し、仕事上のトラブルや不良品を発生させてしまう日本の設計者は、皆さん同じことを言います。「普通〜のハズ」「〜と言ったハズ」「〜のハズじゃない」と。しかしトラブルの本当の原因は依頼先である中国のメーカーではなく、中国に理解のない日本の設計者にあることが私の経験では少なくありません。

ところで、海外旅行で初めての国に行くときに、ガイドブックを買う人は多いはずです。そうしたガイドブックは、巻頭にはその国の人口や宗教、生活に関わる電源や通貨などが載っています。つまり「ヒト」に関する情報です。巻末にはたいてい「こんにちは」や「いくらですか」などの会話例、つまり「コトバ」に関する情報があります。そしてメインの中盤には観光地や食事、お土産などの「モノ」に関する情報が書いてあります。

つまり初めて行く国を知るためには、これら「ヒト」「コトバ」「モノ」を理解することが基本なのです。これは、一般のビジネスやものづくりで海外に進出する際も同様です（**図1**）。では、初めて中国に進出するあ

**図1　海外への進出時には「ヒト」「コトバ」「モノ」の理解が不可欠**

なたにとって、これら「ヒト」「コトバ」「モノ」は何に相当すると考えるべきでしょうか。

　私が中国メーカーと関わった7年間の経験から、それは次のようなことが当てはまると考えます。「ヒト」とは中国人の国民性と仕事の仕方、「コトバ」とは確実な会話と情報（会議、メールなど）の出し方、「モノ」とは製造現場の確認方法です。これら3つをしっかり理解できていないと、私たち日本の設計者にとって、中国でのビジネスやものづくりはとても大変なものになってしまうのです。そしてこれらを私は「3つのアプローチ」としています（図2）。

## ●「ヒト」～ほとんどの日本人が誤解する「没問題（問題ない）」の本当の意味

　ではこれら「ヒト」「コトバ」「モノ」を理解することの大切さを、1つずつ例を挙げながら説明したいと思います。まずは「ヒト」に関する話、つまり「中国人の国民性と仕事の仕方」についてです。

　中国人の国民性と仕事の仕方を理解する上で、私が代表的な例の1つだと感じているのは、希望的観測に基づく発言の多さです。打ち合わせなどをしていると中国人は「没問題（メイ ウェン ティー）」と、しばしば

 「ヒト」　➡　中国人の国民性と仕事の仕方

 「コトバ」　➡　確実な会話と情報の出し方

 「モノ」　➡　製造現場の確認方法

### 3つのアプローチ

図2　ものづくりにおける「ヒト」「コトバ」「モノ」とは

口にすることが分かります。これは直訳すると「問題ない」という意味になります（**図3**）。

　日本では「問題ない」というと、もちろん「（全く）問題ない」が正しい意味になりますが、「気にするな」「まあ大丈夫」という意味も含まれます。しかし中国では限りなく後者の意味に近い、というより、私の経験ではたいていそれ以上になります。

　私の感覚で「没問題」を意訳すると、「ちょっと問題アリだけど気にするレベルではない」となります。つまり没問題とは「少し問題アリ」なのです。これを日本人が「（全く）問題ない」と真に受けてしまうと、たいてい後からとんでもないことに発展します。つまり「あのとき『（全く）問題ない』って言ったでしょ！」となるわけです。

　しかし、こうした誤解が生じる原因は、決して中国人にあるわけではありません。希望的観測の発言が多く、問題意識のレベルが異なる中国人が言った「没問題」の正しい意味を理解していなかった日本人の方に原因があるのです。

### ●「コトバ」～日本語上手の中国人にも通じない「しょっちゅう」の言葉

　さて、次に「コトバ」に関する話、つまり「確実な会話と情報の出し方」についてです。

　日本人は「しょっちゅう」という言葉を、会話でそれこそしょっちゅう使います。とても簡単な日本語です。でもこの「しょっちゅう」の意味を理解している中国人の日本語通訳はどれくらいいるでしょうか。私の経験では、なんと約50人中でたったの3人でした。

　とても簡単な日本語なのになぜ

それ没問題ね～

**図3**　「没問題」は「（全く）問題ない」という意味ではない

でしょうか。理由は口語だからです。「しょっちゅう」は中国の日本語の教科書には載っていないのです。日本語を日本のテレビドラマで学んだ中国人は知っているかもしれませんが、中国の大学で勉強した中国人には知らない人が多いのです（図4）。

　私たち日本人が中国に行って中国人の日本語通訳と会話をするとき、このような口語に気を付けて会話をしている人はほとんどいません。通訳の見た目は日本人と変わらないので、慣れてしまうとどうしても日本人が相手のときと同じように会話をしてしまうのです。

　このような状況で私たち日本人の言った内容は、80%くらいしか通じていないと考えた方が良いです。中国人にとって理解しにくい言葉は他にもたくさんあります。中国人の日本語通訳と会話する際には、きちんと考えて言葉を選ばなくてはならないのです。

### ●「モノ」～中国メーカーとは「あうんの呼吸」で仕事はできない

　最後は「モノ」に関する話、つまり「製造現場の確認方法」についてです。
　ほとんどの日本の設計者は、匠の職人がいる日本の町工場（部品メーカー）でものづくりをしてきました。そうした町工場では、図面やデー

図4　「しょっちゅう」という言葉を理解している日本語通訳はほとんどいない

タの不備や依頼内容に曖昧な内容があっても、匠の職人は設計者の意図を「あうんの呼吸」でくみ取り、問題のない部品を作製してくれます。もちろん同じ日本語を使って打ち合わせを行い、いつでも電話で相談や確認もでき、製造現場はきちんと整備されています。設計者が足を運んで治具や作業標準書（作業方法と手順を記載した文書）、装置などを確認する必要はほとんどありません。

　ところが中国の部品メーカーではどうでしょうか。私たち日本人と中国人の作業者との間に「あうんの呼吸」はもちろんなく、日本語通訳を介しても言いたいことを正確に伝えるのは困難です。時には目を疑うような製造現場も多く見てきました。このような状況で日本の町工場のときと同じ仕事の仕方をしていて、中国の部品メーカーでも同じ品質の部品ができるでしょうか。

　さらに中国では作業者が頻繁に入れ替わるのが普通です。私のなじみだった部品メーカーでは、毎年3000人の作業者が春節（中国の旧正月）の休暇で帰省すると、約400人は戻って来ません。よって作業者は部品メーカーに戻るときに友達を連れてくるように社長から言われています。戻って来なかった400人を連れてきてもらった友達で補充するのです。このような部品メーカーでは作業者のスキルに期待はできないため、日本の設計者が治具や作業標準書、装置などをしっかりと確認する必要があるのです。

## 仕事上のトラブルや不良品の原因、9割日本人

2-2

　日本には、相手の意をくみ取るように仕事を進めて、言われたこと以上のことをする人が多いと思います。しかし、中国や欧米の人たちは基本的に、言われたこと、約束したことだけをするのが仕事になります。

相手に自分の言ったこと以上を期待する日本人と、言われたことだけを
こなす中国人や欧米人、この2者の間に前述した3つの「〜のハズ」が生
まれてくるのです。

## ●世界の中の少数派、日本人

　中国の人口は現在約14億人です。一方、日本の人口は約1.3億人です。
世界の人口は現在77億人なので、世界の5.5人に1人は中国人で、日本人
は約60人に1人となります。やや強引な考え方ですが、こうして考えて
みると、私たちが中国人と一緒に仕事をしていて「普通〜のハズ」と愚
痴を言ったとしても、それはグローバルに考えると1/60の希少な「普通」
であって、1/5.5の中国人の「普通」の方が圧倒的に「普通」に近いと言え
るのです。

　中国と欧米、両方でビジネス経験のある私の知人の多くは、「欧米人も
中国人と同じような仕事の仕方だと思う」と言います。つまり私たち日
本人が、実はとても特殊な仕事の仕方をしているのです。

　中国人と仕事をする日本人には、中国人の仕事の仕方に納得がいかず、
なんとか中国人を変えようとする人がいます。しかし、中国人は変わら
ないと私は思っています。仕事の仕方が違うだけで、そもそも変える必
要がなく、変えようとする日本人の行動はおこがましいばかりです。中
国人と仕事をすると決めたのなら、まずは私たち日本人がグローバルで
の普通の仕事の仕方を理解して、中国人へのアプローチの方法を変える
必要があるのです。

　また製造業に関していうと、中国人は日本人と一緒に仕事をすること
にあまりメリットを感じていないのが現状です。最近の日本の製品は小
ロットが多く、日本人と一緒に仕事をしてもあまりもうかりません。そ
の日本人のために、仕事の仕方を変えようとは思っていません。

　また、中国の特殊な事情もあります。中国人、特に製造業の作業者は
入れ替わりがとても激しく、一緒に仕事をする人にせっかくいろいろな

仕事上のノウハウを伝えて上手く仕事ができるようになったとしても、すぐに転職していなくなってしまいます。よって中国人を変えようとすること自体に無理があり、私たち日本人が、中国人と上手く一緒に仕事ができるように変わっていく必要があるのです。

多くの日本人は社会人になりたての頃、上司から「言われたことだけをしていてもダメ」と注意されたことでしょう。次の3つの言葉は、それを典型的に表しています。

・あうんの呼吸

・以心伝心

・一を聞いて十を知る

つまり、言われたこと以上のことを自分で考えて行動するのが、日本人の美徳です。しかし、中国や欧米の人は基本「言われたことだけをする」のが当たり前です。中国や欧米の人と仕事をする私たちは「あうんの呼吸」や「以心伝心」「一を聞いて十を知る」に期待するのではなく、私たちの要望を明確に仕事相手に伝えることが必要です。そうすれば「普通～のハズ」は少しでも解消できると思います。

### ●「あうんの呼吸」で製造現場がサポートしてくれた

図5　私が最初に設計した業務用モニター

長年のお付き合いがあり信頼のできる日本の部品メーカー（町工場）とは、お互いの話す言葉はもちろん100%通じ合い、仕事の進め方も十分理解し合っています。図面に多少の不備や不明確なところがあったり、依頼内容に曖昧なところがあったりしても、担当者は設計者の意図を理解してくれ、またさまざまな依頼にも柔軟に

対応してくれます。つまり日本の設計者は、「あうんの呼吸」で仕事をする日本の優秀な部品メーカーに頼りきっていたのです。

　私がソニーに入社して最初に業務用モニター(**図5**)を設計した時には、私より25歳ほど年上の射出成形メーカーの営業技術の人に、「小田さんの図面は全部修正しておきました」と冗談交じりに言われたほどです。まだ入社3年目の私が描く図面は、かなり未熟だったのでしょう。

## ●中国で「あうんの呼吸」は通じない

　さて、このように長年にわたって日本の優秀な部品メーカーと仕事をしてきた日本の設計者が中国の部品メーカーに部品の作製を依頼するとどうなるでしょうか。私の経験によると、図面の品質と実際に得られる部品の品質のイメージは次のようになります(**図6**)。

　日本の設計者が、日本の優秀な部品メーカーに部品の作製を依頼したとします(図6の「現状」の部分)。日本の設計者が描いた図面の出来が80点、つまり、あるべき情報が8割しか正確に伝わらない図面だったとしても、日本の部品メーカーは期待通り(100点)の部品を作製してくれます。それは、日本の部品メーカーは基礎的な技術力が高いだけでなく、

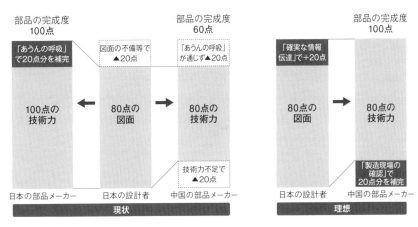

**図6　日本と中国の部品メーカーのスキルの違いと、日本の設計者の役割の現状と理想**

日本の設計者の図面に多少の不備や不明確、また依頼内容に曖昧なところがあっても、設計者の意図を「あうんの呼吸」で理解して不備をカバーしてくれるからです。

一方、中国の部品メーカーに部品の作製依頼をした場合はどうなるしょうか。まず「あうんの呼吸」はなく、日本の部品メーカーのように図面の不備は補完されません。さらに日本の優秀な部品メーカーとの技術力や品質管理力の差で、20点が減点され60点レベルの部品が作製されてしまう結果になってしまうのです。

つまり日本の設計者が、同じ80点の図面を描いた場合でも、日本では100点の部品が作製されるのに、中国では60点の部品ができる結果になります。この60点の部品を見た日本の設計者は「中国の品質は悪い！」「トラブルが多い！」と不満を言うわけです。なお、この場合の点数は、単に図面や部品の完成度だけではなく、部品作製過程における技術以外の業務（コスト交渉、日程管理など）にも当てはまります。

しかし、日本の設計者は大切な事実に気付く必要があります。それは、

\ Point /

**指示のないところ**
**曖昧なところ**
**分からないところ**

**↓**

**無視されるか**
**勝手に判断される**

「中国の品質は悪い！」「トラブルが多い！」と言う前に、まずは自分が100点の図面を描くべきだということです。100点の図面を描くということには、図面だけでなく会議やメール、会話などで確実に情報を伝えるのも含みます。つまり、日本の優秀な部品メーカーがカバーしてくれていた「あうんの呼吸」を、日本の設計者が代わりに補えば、中国の部品メーカーは実力どおりの部品を作製できるようになります。

　最終的には、中国の部品メーカーにおいて100点に近い部品を作製するのが目標です。このときに大切になってくるのが「製造現場の確認」です。これを日本の設計者が適切に行えば、たとえ技術力が80点だった部品メーカーでも、20点を加算して100点の部品を作製できるようになります。

　実務においては、中国の部品メーカーに伝える情報は図面だけではありません。日程の連絡やサンプル品の発送/修正依頼など非常に多くのやり取りが中国の部品メーカーとの間に発生します。そしてこれまでのような、日本の部品メーカーとの「あうんの呼吸」や簡単にできる電話などに頼れません。中国人の基本的な対応は、依頼された仕事（だけ）をする、分からないところは「しない」か「自己判断」で行うかです。よって中国の企業と仕事をする場合には「確実な情報の出し方」をぜひ心掛けてほしいと思います。

### ●中国人は変わらない、変わるべきは日本人

　ものづくりにおいて不良品の対策といえば、製造現場の品質改善や品質管理が一般的です。これらの多くは設計が完了した後、つまり生産を開始する段階からの製造現場の改善と管理になり、「事後処理型」といえます。また、部品メーカーや組立メーカーに改善と管理を依頼するという「他力本願型」ともいえます。

　私は中国駐在中に仕事上のトラブルや不良品の発生を多く経験し、その原因が、実は製品化プロセスにおける日本人と中国人の間のやり取り

にもあると気付きました。そして、私たち日本人が中国人へのアプローチ方法を改善すれば、それらの多くの問題は事前に回避できると分かったのです。私が支援した企業の人たちの9割以上が、この点に同意してくれています。つまり製品化プロセスからの改善である「源流管理型」、そして日本人が変わるという「自己改善型」のアプローチ方法で、多くの仕事上のトラブルや不良品は回避できるのです。

---

### あなたの部品は製品化プロセスのどこで中国人と関わっていますか?

　図Aは大まかな製品化プロセスです。中国で部品を作製する場合には、指差マークの付いているイベントで中国の部品メーカーと関わってきます。かなり早い段階から関わってきていることが分かると思います。皆さんが関わる部品を中国で作製する場合、製品化プロセスのどの段階から中国と関わりを持ってくるでしょうか。1度整理してもらえると良いと思います。

　指差マークのあるイベントでは、中国人の担当者に自分の意思を正確に伝えることが必要になり、そのために「ヒト」「コトバ」「モノ」の理解が重要となってきます。つまり、中国など海外でのものづくりが当たり前になっている現在、これら「ヒト」「コトバ」「モノ」の理解を深めることが設計者の「設計力」の一部にもなっているのです。

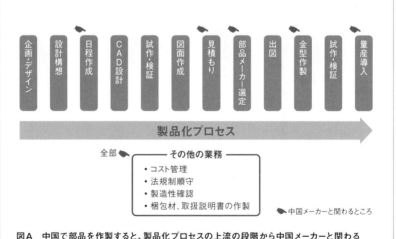

**図A　中国で部品を作製すると、製品化プロセスの上流の段階から中国メーカーと関わる**

第3章

# わだかまりをなくす
# 中国人との仕事

## 3-1 「没問題（問題ない）」の本当の 意味と、隠された「今は」と「私は」

　中国人は「没問題（メイ ウェン ティー）」という言葉をよく使います。直訳をすると「問題ない」です。日本で「問題ない」というと、「気にするな」や「まあ大丈夫」という軽い感じの意味も含みますが、中国人の「没問題」は、「ちょっと問題アリだけど気にするレベルではない」の意味合いとして使われます。これは、中国人とのビジネスを多く経験したことのある人たちの間ではよく言われていることです。非常に楽観的な意味合いになります。

　しかし、私なりに意訳をすると、さらに次のような意味も含まれていると考えます。「ちょっと問題アリだけど『今は』気にするレベルではないと『私は』思う」です。注目したいのは「今は」と「私は」の2つの言葉と

「今」「私」は
こう思います!!

図1　「没問題」に隠された
希望的観測と強い自己判断

なります。「今は」は「この前はそう言ったけど今は〜と思う」という、今の考えを大切にして、過去に約束したことや先のことはあまり考えない希望的観測であり、「私は」は「他の人は知らないけど私は〜と思う」という、関係者や他人の言ったことには左右されない自分（私）の考えを尊重する強い自己判断であります。これらが中国人の「没問題」に隠れた特徴的な意味となっていて、時として日本人を悩ますことになるのです（図1）。

## 3-2 「今は」こう思います、 は希望的観測

　まず、「没問題」に隠された「今は」に関して私のエピソードをお伝え

します。プロジェクターに使われるアルミダイカスト製の鏡筒を製造する、鋳造メーカーでの体験です。生産開始を約1カ月後に控えた頃、私はこの鋳造メーカーを訪問しました。設計に問題があり、この部品を設計変更することになったからです**（図2）**。生産開始まであと1カ月しかないので、それに間に合わせるための日程交渉を兼ねての訪問でした。

　ところが変更内容を説明すると、この設計変更に対応するためには日程が3日間遅れる、と鋳造メーカーの技術リーダーから言われてしまったのです。この部品は鋳造の後に切削加工し、その後アルマイト処理（メッキのようなもの）をするという、主に大きな3つの工程で出来上がります。それぞれ工程の段取りの問題から、今回のような簡単な変更でも、日程を3日間は遅らせる必要があるというのです。説明を聞くと、確かに納得できる内容でした。

　だからといって、この部品を組み付ける製品の生産開始日を遅らせるわけにはいきません。それは、製品の生産にはとても多くの部署と人が関わっているからです。私は鋳造メーカーの技術リーダーに、日程の遅れがないように工程の段取りを組み直す方法はないかと相談しました。しかし、技術リーダーは「どうしても日程を3日間は遅らせる必要がある」との回答を繰り返すばかりです。夜も8時を過ぎ、技術リーダーは帰宅してしまい、私は1人で鋳造メーカーの会議室に籠り途方に暮れていました。製品の生産開始の日程を遅らせる事態だけは、どうしても避けなければならなかったのです。

## ●勝手に反故にされた社長との約束

　そのとき突然、この鋳造メーカーの社長が会議室に入ってきました。私は設計変更の内容と経緯、日程を遅らせたくないという事情を説明しました。すると、社長

**図2　設計変更を行うことになった鏡筒**

はすぐ自分の携帯電話を手に取り、既に帰宅していた技術リーダーに電話をかけたのです。

　社長は10分ほど技術リーダーと話をしてから電話を切り、私に向かって「問題ありません。日程は遅らせないで大丈夫です」と言ってきたのでした（図3）。社長は、「どうだ！」と言わんばかりに私と握手をして会議室を出て行きました。そして、私は安心して帰宅できたのです。

　それから2週間ほど経ちました。部品の最終確認のため、私がこの鋳造メーカーを再度訪問すると、驚くべきことになっていたのです。まずは技術リーダーと会って日程を確認したところ、「日程は3日間遅れたままで、早くはできない」と言い出したのでした。

　「社長はあなたとの電話の後に、『日程は遅らせないで大丈夫』と言いました」と、私は電話の話を持ち出しました。しかし技術リーダーは、「あのときの電話では、日程を3日間遅らせなくても大丈夫だと判断し社長にそう言いましたが、今の状況ではやはり変更する必要があると判断します」と言ってきたのです。

　私は社長との約束と違うと言い張りましたが、生産開始まであと2週間しかなかったので、今さらどうしようもありませんでした。その後、

（希望的観測の多い私ですが）
大丈夫です！
問題ありません！

**図3　希望的観測で発言する社長**

私は冷静になってこの問題が生じた原因を考えました。これはきっと社長が、「生産まであと1カ月もあるのだから、3日間くらいはなんとかなるはずだ」と技術リーダーを言いくるめたのでしょう。

その背景にあるのは、私が中国人の国民性の1つだと考えている「希望的観測」であり、それに基づいた判断を社長がしてしまったのだと思います。

## ●「今は」こう思います、の対処法

このケースは、設計者の設計変更が発端です。これが日程遅れの原因となったわけですから、製品の生産開始の日程を変更したくないという事情があったとはいえ「日程短縮を強要している」という気持ちが私にはありました。

今になって思い返せば、「日本の部品メーカーでもちょっと難しいかな」と思えることを中国で強要していたのです。私はこのとき「日本でもできないようなことは中国では強要しない」と自戒の念を強くした記憶があります。

もう1つ大切なことは、「理由を聞く」ということです。私は社長の「大丈夫」の言葉をうのみにしてしまい、その理由を聞こうとはしませんでした。つまり今回の場面では「社長の言うことに一任」してしまったのです。これは中国では最もやってはいけないことでした。この「一任」に関しては、またこの後にもお伝えします。

\Point /

・日本でもできないことは強要しない
・できる理由を聞く

## 3-3 「私は」こう思います、は強い自己判断

　次に「没問題」に隠された「私は」に関してのエピソードをお伝えします。私が前職でプロジェクターを設計していた頃の話です。そのとき私は、プロジェクターを生産する中国の組立メーカーと同じ建物の中にある設計事務所で働いていました。生産が始まり2〜3カ月たったある日、プロジェクターの製造ラインの担当者から突然連絡が入りました。「プロジェクターの外装部品のトップカバーが取り付けられないので、見に来てほしい」と言うのです（図4）。

### ●承認部品よりも0.4mm小さくなった穴

　最初は、トップカバーの成形不良かなと思いました。形状の反りやバリの発生など、正しい形に仕上がっていない部品がたまたま納品されてしまい、嵌合（はめ合わせ）がうまくいかない不具合だと考えたのです。ところが製造ラインに駆け付けてよく確認してみると、そのような簡単な問題ではありませんでした。プロジェクター内部の部品がトップカバーの内側に当たってしまい、取り付けられなくなっていたのです。

**図4　生産開始後、突然トップカバーが取り付けられなくなったプロジェクター**

　内部は、複数の部品が複雑に組み立てられています。よって、その組み立て方に問題があるのではないかと考えました。そこで各部品の組み立てをよく調べてみると、送風ダクトを構成する2つの部品が、互いに嵌合していない状態で組み立てられていると分かりました。嵌合していないので、高さ方向が設計値より大きくなってし

まっています。これではトップカバーが閉まらないのも無理はありません。

　そのプロジェクターの光源であるランプの温度は、最高で1000℃近くまで上昇します。よってその周辺部品は耐熱樹脂を使用したり、ファンを取り付けて冷却したりしています。送風ダクトはファンを効率的に冷却するための部品です。

　このプロジェクターの送風ダクトは2つの部品で構成されており、片方の部品の先端をもう片方の部品の穴に差し込んで嵌合する構造になっています。差し込む方の部品は、以前から使用していた流用部品でした。急に寸法が変わってしまうことは、まずありません。しかし、差し込まれる穴がある部品は、今回の製品のために新規設計した樹脂製の部品でした。

　この新規設計した部品の金型や成形条件、もしくは製造設備などに何か問題があるのかもしれません。急いでその部品の射出成形メーカーに出向きました。私のいる設計事務所（組立メーカー）から20分ほどの所にある、射出成形機が220台もある、とても大きな射出成形メーカーです。

　成形メーカーに到着し、早速、持ち込んだ問題の部品と生産開始前の承認部品、そしてその成形メーカーで現在生産中の最新の部品の穴の寸法を比較しました。なんと承認部品と比較して、持ち込んだ問題の部品だけでなく成形メーカーで生産中の最新の部品においても、嵌合する穴の寸法が0.4mm小さくなっていたのです（**図5**）。このために、もう片方の部品を差し込めず、上に載った状態で組み立てられていたのでした。

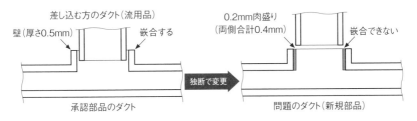

**図5　穴寸法が小さくなり嵌合しない送風ダクトの断面図**

## ●0.2mmくらいは「没問題（問題ない）と私は思った」

　なぜ0.4mm小さくなってしまったのか。その成形メーカーには、私の知り合いの中でもトップクラスの日本語通訳がいました。日本に8年間住んだこともあり、ため口の会話でも十分通じるレベルです。0.4mm小さくできてしまった理由はもちろんその通訳も知りませんが、この成形メーカーの技術リーダー、品質管理、金型、成形の各担当者を呼び出して詳しい話を聞くと、意外にも原因がすぐ分かったのでした。

　この部品の穴の周囲（嵌合部分）には高さ3mmくらいの壁が立っています。その壁の厚みは0.5mmでした。一般的に樹脂部品で0.5mmの肉厚は薄すぎます。成形担当者は生産を開始してしばらくたったとき、樹脂の流動性の問題による不良の発生を懸念し金型担当者に指示を出して、その壁の厚みを0.7mmに変更したのです。この際、内側に0.2mm厚みを増したため、両側で合計0.4mm、穴の寸法が小さくなってしまい、差し込まれるはずの部品が入らなくなってしまったのでした。

　成形担当者は、この部品の使われ方を知りません。送風ダクトであることはもちろん、もう片方に別の部品を差し込んで嵌合させるとは知る由もありません。そのような成形担当者が私に言った言葉は、「没問題（問題ない）と私は思った」でした。「0.2mmくらいの変更は問題の起こるレベルではないだろう」という判断が成形担当者だけで行われたのです。

　金型は、部品の作製を依頼した設計者の企業の持ち物です。金型の変更には設計者の承認が必要です。ましてや部品承認を終えてからの金型変更なので、成形メーカーの独断で金型を変更するようなことは絶対にあってはなりません。本来、このように成形メーカーで成形不良の問題があったときの正しい対処方法は次のようになります。

成形メーカーが金型変更を提案　→　設計者が検討　→
設計者が金型変更を指示

これは、お互いの企業のルールになっているはずなのですが、成形担当者の「没問題（問題ない）と私は思った」という強い自己判断が優先してしまい起きた問題でした。

## ●「私は」こう思います、の対処法

　この問題は、金型変更ルールがちゃんと存在していたにもかかわらず起こってしまったものでした。この成形メーカーが今回このような問題を起こしたのは初めてであったため、ルールを再徹底するということで決着しました。

　中国においては、このようにルールが決められているにもかかわらず、それが守られないことが多くあります。しかしながら私の経験では、「普通〜のハズ」と日本人が中国人に対して不満を抱くときは、日本人が普通だと考えている暗黙のルールが守られなかった場合がほとんどだと思います。

　よって中国人とビジネスをし、その業務の中で複数回にわたって発生するやり取りに関しては、ルール（フォーマット）を必ず作ることをお勧めします。例えば、サンプル品を発送する日程変更などです。これらは電話やメールだけで簡単に伝えて済ましてしまうのは危険です。サンプル品の発送の場合は、「何を」「誰が」「誰に」「いつ」「何個」を記載したフォーマットを作成して、それをメールに添付する習慣をつけると良いと思います。

\ Point /

・中国人との業務にはルール（フォーマット）を作る

## 3-4 「今、私は」こう思います、 はその場しのぎ

　再び鋳造メーカーの鏡筒の話に戻ります。この部品の試作の段階では、前述の日程の件とは別の問題も発生しました。アルマイト処理が施されている試作部品の表面に約2mmサイズの痕が数カ所に付いていたのです（図6）。製品としてはもちろん合格を出せないレベルの目立つ痕でした。

### ●何度質問しても正しい回答が得られない

　私は技術リーダーにこの原因は何かと質問しました。すると「この痕はアルマイト処理の後の切削加工で、部品をチャック（機械で部品をつかむこと）したからアルマイトの表面に痕が付いた」という回答が返ってきました。この部品は主に次の3つの工程順で作製されます。

　[1] 鋳造（アルミを溶かして、金型で円筒の形を成形する）
　[2] 切削加工（旋盤で部品を回転させて、きれいな円筒形に削る）
　[3] アルマイト処理（表面を黒いメッキのようにする）

**図6　表面に約2mmサイズの痕が数カ所見つかった試作部品**

　アルマイト処置の後に切削加工はありません。私はそんなはずはありえないと、工程を確認しながら反論しました。
　すると技術リーダーは次に、「切削加工で、この部品を旋盤にチャックするときに、チャックに付いた油が部品に付いて、その部分にアルマイトが付かなかった」と言い出したのです。私は既に切削加工の工程で部品をチャックする方法を見て

いたので、部品を円筒の内側からチャックしていることは知っていました。その写真も撮ってあります。私はその写真を見せ、「内側からチャックするから、表面に痕が付くことはない」とまた反論しました。この技術リーダーは、製造の現場をよく見ていなかったのです。それにもかかわらず、自分の思い付くままに言い訳するように話をしていたのでした（図7）。

　その後、現場の担当者を含めた話し合いを繰り返し、最終的にはアルマイト処理で電解溶液に部品を出し入れするときに付いた、部品をつかんだ痕であるということが判明しました。対策を打って、無事この問題は解決できました。

## ●「今、私は」こう思います、の対処法

　この問題における対処方法として私が痛感した大切なことは、「ちょっとでも疑問や懸念があると感じたときは、納得するまで妥協しないで質問する」ということです（図8）。明らかに納得がいかないやり取りがあまりに長く続くと、根負けして妥協してしまう場合があります。しかし、その妥協が後から重大な問題を引き起こす可能性があります。自分が

**図7　強い自己判断による発言**
現場をよく知らないにもかかわらず、思い付くままに不具合の原因を挙げていく。

納得するまで妥協せずに質問し、話し合うことがとても大切なのです。

## ●理由をいくら聞いても納得できないときは

鏡筒にまつわる2つのエピソードで共通する教訓として、「理由をしっかり聞く」があります。中国人の「希望的観測」や「強い自己判断」といった国民性から、「没問題（問題ない）」と言われることが頻繁にあります。そのようなとき、中国人に比べてとても謙虚な日本人は、「そこまで言うなら、まあ大丈夫か」や「まあ分かりました、お任せしますので」と多少の疑問を持ちながらも引き下がってしまう場面が非常に多くあります。それでは後から大きな問題を引き起こす場合があり、とても危険なのです。ちょっとでも疑問や懸念があれば、妥協せずに自分が納得できるまで質問をすることが大切です。

もし、いくら質問しても疑問や懸念が残るようでしたら、自分が判断できるためのデータや写真を入手してください。それでも解決しなければ、自分で足を運んで確認するしかありません。

**図8　納得できない説明の対処方法として適切な姿勢**
少しでも疑問に感じたら、納得するまで妥協しないで聞くという姿勢が大切だ。

- ちょっとでも疑問や懸念を感じたら、
  妥協せず納得するまで質問する
- 自分で判断できるデータや写真を入手する
- 自分で足を運んで確認する

COLUMN
コラム

## 妥協しない中国人のお買い物

　中国駐在中に、中国人の友人と買い物に行ったときのことです。その友人は靴を買おうとして店員に価格を尋ねたところ、店員は500RMBと言ってきました。早速、友人は150RMBにまけろと交渉が始まります。店員は400RMBと歩み寄ります。友人は200RMBと言います。そして店員は350RMBではどうかと言ってきます。この交渉が続いてしばらくすると、だんだんと大声の口論になってきているのです。友人は大声で安くしろと怒鳴り、店員は冗談じゃないという顔をして、靴の箱を蹴飛ばします。ところがしばらくすると、いつの間にか口論は終わりお互いにニコニコしているのでした。つまり交渉成立です。

　少しでも自分の納得のいかないことであったら、お互いに妥協せず要望を出す。時には大声になる場合もありますが、これは決してけんかではなくて交渉のために要求を出しているだけなのです。

　日本人は基本的に妥協しやすい人種だと思います。相手の気持ちや立場などを思いやり、「分かりました。そうおっしゃるのでしたらそれでお願いします」となります。しかし、これは中国では禁物です。少しでも納得がいかないことや懸念することがあったら、自分が理解して納得できるまで、決して妥協することなく質問したり、要求を出したりすることが必要です。それをしないということは、100%納得したと捉えられかねません。納得がいかないのに、その場では「まあとりあえず分かりました、一応それで進めてください」と言い、後から「いや、あのとき懸念はあったんですが…」という方がより問題ある仕事の進め方です。

## 3-5 依頼内容が末端まで伝わらない

　中国の部品メーカーと仕事をする人の悩みの1つに、自分の依頼した内容が実際に作業する担当者まで伝わっているのかどうかを把握できないというものがあります。それが「確かに〜と言ったハズなのに」という不満につながっているのです。私も中国駐在の初期の頃は、そのように感じていました。

　しかし、今になって改めて考えてみると、私の仕事の進め方にも問題があったと思っています。私は中国企業の窓口である日本語通訳にだけ情報を渡し、後は結果を待つという仕事の仕方をしており、その日本語通訳の先で「どこで」「どのように」依頼内容を行っているかをほとんど見ようとしていませんでした。日本であればそのような仕事の仕方でもあまり問題は起こりません。しかし、中国ではなかなかそうはいかないのが実情であったのです。

### ●必要な情報が現場まで伝わらない訳

　私が中国の部品メーカーにある仕事を依頼した場合、その窓口である担当者（日本語通訳を兼務している場合が多い）は該当する部門のリーダーや現場の実務担当者に依頼内容を伝えます。日本の部品メーカーであれば依頼された業務の進行中は、担当者間で次のような会話が交わされると思います。

　窓口担当者「頼まれた測定はもうすぐ終わりそう？」
　実務担当者「こんな感じにまとめたけど、良いでしょうか？」

　しかし、中国の部品メーカーの担当者間では、このような会話が交わ

されることはあまりないようです。業務範囲が明確に分かれていて、お互いに干渉しようとしないのです。実際、私は取引先の中国人から「中国人は仕事がはっきり分かれているので、注意してくださいね」と言われたことがあります（図9）。

　私が中国の部品メーカーへ出張に行き、ある治具の問題点を幾つか指摘したときのことです。問題点の内容をリストにして日本語通訳に渡し、1カ月後の訪問までに修正しておくようお願いをしました。

　1カ月後、この部品メーカーを再訪問した私は到着するとすぐ、日本語通訳に次のように聞きました。「リストの内容は幾つ修正が終わりましたか？」。すると返ってきた答えは、「担当者にメールでリストを送ってあります。修正が終わっているか私は知らないです」でした。

　結局、ほとんどの修正は終わっておらず、改めて修正を依頼することになりました。担当者にメールでリストを送るくらいなら、日本にいる私でもできます（リストの内容を中国語に翻訳する必要はありますが）。私はこのようなトラブルを克服するため、今では必ず「関係者全員での打ち合わせとメールの送信」を実践しています。

**図9　日本と中国における担当者同士の業務範囲の関係**
お互いにケアしながら仕事をする日本人同士と、お互いの関わりが希薄な中国人同士の業務範囲。

日本人は全ての情報を窓口担当者にさえ伝えれば、当然その企業の関係者にくまなく情報が伝わると考えて仕事を進めます。しかし、中国の部品メーカーの場合はそうはいきません。よって私は、打ち合わせのときはその内容に関わるリーダーや実務担当者にも同席してもらい、メールを送るときはCCにこれらの人を入れるようにしています。そうして、各担当者の2つの集合（図9の2つの円）を私たちがつないであげるのです。ただし、メールのCCにこれらの人を入れるときは、日本語通訳に事前に断っておいた方が良いと思います。

## ●事前確認を怠らない

　私が中国・蘇州にある部品メーカーを訪問し、作業改善のために治具を作製してもらった際のエピソードを紹介しましょう。その治具の作製には1カ月くらいかかるというので、そのタイミングで部品メーカーに電話し、治具ができているかを確認しました。「明日、あなたの会社を訪問して治具を確認したいのですが、治具は完成していますか？」と。

　電話の相手である日本語通訳が、治具担当者に大声で確認している様子が電話越しに聞こえました。日本語通訳は治具担当者の返事を聞いた後、「治具担当者に確認した。問題ないです」と言います。私は「分かりました。明日あなたの会社を訪問します」と返事をして電話を切りました。

　次の日、私の事務所がある上海から車で2時間かけてその部品メーカーを訪問しました。会議室に通されてしばらく待っていると、日本語通訳がばつの悪そうな顔をして現れます。そしてイラストの描かれたA4サイズの紙1枚をテーブルの上に置いて、「今、治具はこのように考えています」と言うのです（図10）。

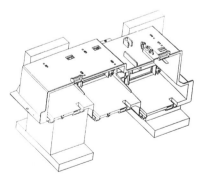

**図10　治具の現物確認に行って見せられたイラスト**
自動車で2時間かけて上海から蘇州に行って見せられたのは、治具の構想を示したイラストだけだった。

私は開いた口が塞がりませんでした。「治具はできていると言っていませんでしたか？」と聞くと、日本語通訳は特に悪びれる様子も見せず私に「治具担当者が問題ないと言ったので、あなたに問題ないと伝えました」と言うのです。無いものは仕方ありません。結局、新たな期限を約束して上海まで2時間かけて帰りました。

　当時の私は、日本語通訳が現物を見ずに、治具担当者の「問題ない」という言葉をそのまま私に伝えた対応に100％の非があると考えていました。しかし、私も日本語通訳の「問題ない」という言葉をそのまま信用して訪問したわけです。私の行動も日本語通訳と同じだったのですから、日本語通訳を非難できる立場ではなかったともいえます。現在であれば、以下のように対応しています。

［1］電話では「治具を見ましたか？」と聞く
［2］訪問前に、治具の写真を送ってもらう
［3］治具でサンプル品を作製してもらい、それを送ってもらう

　［1］はとても簡単です。相手をケアするという私のちょっとした配慮が足りなかったのです。［2］も簡単にできます。現在、私は中国の部品メーカーを何かの確認で訪問する際には、必ず写真やデータを事前に送ってもらっています。［3］までできれば最も良いでしょう。特に、金型の確認に行くときには、必ずサンプル品を送ってもらうようにしています。今回の訪問の目的は治具の確認でした。その目的を達成するための準備として、少なくとも治具の存在が分かる写真を訪問前に入手しておくことが大切だったのです。

＼Point／

・関係者全員での打ち合わせとメールの送信
・事前確認（写真やデータの取り寄せ）

# 3-6 中国でトラブルを起こさない人の習慣

　私は中国駐在中や日本に帰国してからも、数多くの中国人や中国企業に関わる日本人と一緒に仕事をしてきて、仕事上のトラブルを引き起こしやすい人とそうでない人には、仕事の仕方に違いがあるということに気付きました。ここではその典型的な分かりやすい例をお伝えします。

### ●中国でトラブルを起こす人、起こさない人

　私は中国に駐在しているときに、日本にある2つの部門の設計者と一緒に仕事をしていました。1つは私と同じ本社の設計部門で、もう1つは製品を組み立てる工場の設計部門です。派生モデルなどの設計は工場の設計部門が行います。私は両方の部門の設計者から図面を受け取り、部品メーカーを訪問して金型の打ち合わせを行っていました。

　本社の設計部門の人は、私に全てを一任するような仕事の進め方でした。金型の打ち合わせが終わった3日後くらいに「金型の打ち合わせの報告をお願いします」と1通のメールを送ってくるだけです。

　一方、工場の設計部門の人は、私が部品メーカーを訪問する数日前に図面を郵送で送ってきます。打ち合わせの前日には「明日の打ち合わせは予定通りですか？よろしくお願いします」と電話をかけてきます。さらに打ち合わせの翌日には「昨日の打ち合わせ、ありがとうございました。問題点はありましたか？　あればレポートをお願いします」と再度電話をかけてきます。とても丁寧な仕事ぶりだったのです（図11）。

　ここで私が伝えたいことは、工場の設計者の仕事の仕方が単に丁寧ということではありません。大切なポイントは、「打ち合わせにはこの図面を使用してください」「明日は必ず打ち合わせに行ってください」「必

ずレポートを書いてください」という3つを、私が確実に実施するように連絡していた点です。つまり、工場の設計者は完全に私をコントロールしていたのです。工場では多くの作業者が入れ代わり立ち代わり仕事で関わってくるため、工場の設計者には人をコントロールする能力に優れた人が多いのでしょう。

　このように人をコントロールする能力の高い人が、実は中国でトラブルを起こしにくいのです。依頼相手に仕事を完全に「一任」してしまうのではなく、確実に仕事をこなしてもらえるように依頼する相手を「コントロール」しているのです。

## ●情報を確実に伝えるフォーマットを用意

　次に、トラブルを起こさないために仕事を依頼する相手を「コントロール」する大切な注意点を2つお伝えします。

　中国の部品メーカーで部品を作製していると、日本にサンプル品を

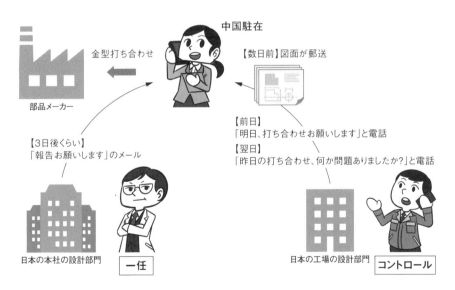

**図11　中国に駐在する私へ依頼した仕事の進め方の違い**
本社の設計部門は「一任」、工場の設計部門は「コントロール」する仕事の進め方である。前者はトラブルになりやすい。

送ってもらう機会が多くあります。その際、日本語通訳に対して「来週中くらいに、サンプルを2〜3個、送ってもらえますか」と電話をしたり、「至急、サンプルの発送をお願いします」とメールしたりします。

このような場合、工場の設計者は必ず発送連絡書を作成しメールに添付して取り交わしをしていました。発送連絡書には「何を」「誰が」「誰に」「いつ」「何個」が明確に記載されています。送り先を間違ったり、また言い忘れた（書き忘れた）内容や曖昧な表現を勝手に判断されたりしないように、確実に相手をコントロールするのです。

発送連絡書以外に日程変更連絡書などもあります。中国の部品メーカーと一定期間にわたって仕事するに当たり、複数回のやり取りが行われる業務は必ずフォーマットを作成しておくことが大切です。

### ●「お任せします」は厳禁

日本人は仕事でどうしても「お任せします」という表現を使ってしまう傾向があります。例えば、測定方法が2通りあった場合に「どちらでもやりやすい方法でお願いします」と言ったり、部品の締結方法が決まっていない場合に「こちらとしましては引っ張り強さが10N以上あれば良

**図12　日本人同士でありがちな「お任せします」**
中国ではこのような「お任せします」という仕事の進め方は厳禁。結果が想定外となってしまう場合がある。

いので、締結方法はお任せします」と言ったりするのです（図12）。

　日本の部品メーカーでは、仕事相手は同じ日本人の技術者であり、また一緒に仕事をしてきて5〜6年以上の慣れ親しんだ担当者がいる場合も多いでしょう。「お任せします」と言っても、同じような価値観や発想で、自分の考えと大きくかけ離れたことはしないであろう、という想定での「お任せします」なのです。

　ところが中国では初めて取引する部品メーカーも多く、またお互いの価値観や発想も異なるため、「お任せします」の結果が想定外となってしまう場合があります。

　選択肢が幾つかある場合には、それぞれのメリットとデメリットを確認して「Aの方法でお願いします」と言います。選択肢がその場にない場合は、選択肢を一緒に考えてから「Bの方法でお願いします」と言うようにしましょう。あくまで主導権は依頼する側にあるのです。仕事内容を相手に一任せず、相手をコントロールするつもりで仕事を進めると、トラブルは激減するはずです。皆さんもぜひお試しください。

\ Point /

- 仕事を「一任」せず「コントロール」する
- 複数回にわたり発生するやり取りは
  フォーマットを作成する
- 選択肢がある場合、「お任せします」はやめて
  自分が選択し主導権を取る

# 3-7 「使えれば問題ない」 の品質感覚

　私が中国に駐在していたとき、中国製の電気製品や雑貨、中国にある建物の内装には「雑な作り」のものがとても多いと感じていました。それらを中国人に指摘すると、必ずといっていいほど同じ言葉が返ってきます。その言葉とは「使えるから問題ない」というものです。

## ●バリの修正は必要ないと納得しない

　中国での多くの業務の中で、この言葉を何回も聞きました。例えば、こんなエピソードがあります。ある日、設計を始めて3年目の若手設計者である中国人の周さん（仮名）が、自分で設計した樹脂製の部品を手にし、問題点を確認していました。新規に作製中の金型でトライ（試作）した部品の確認ではなるべく多くの問題点を見つけ出し、生産開始までに金型を修正しておきます。設計者はトライ部品で見つけた問題点を成形メーカーに連絡し、金型の追加工や成形条件の変更などの修正を依頼するのです。

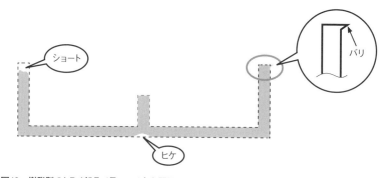

**図13　樹脂製のトライ部品で見つかる主な問題**
「ショート」や「ヒケ」「バリ」などの問題があった場合には、成形メーカーに修正を依頼する必要がある。点線が本来の形状。

樹脂の成形部品でよく発生する問題としては、樹脂の収縮による凹みである「ヒケ」や樹脂が金型の中に回り切らない「ショート」などがありますが、一般的に最も多い問題は金型の合わせ面から樹脂がはみ出してしまう「バリ」の発生です (**図13**)。その発生原因は金型加工の仕上げや金型の合わせの状態、射出圧力などの成形条件の不具合であったりしますが、それらの修正はそれほど難しいものでない場合がほとんどです。

周さんはやや大きめのバリを見つけたようだったので、一緒にトライ部品を確認していた私は周さんに、「そのバリは修正を依頼してね」と言いました。ところが周さんは、ちょっとだけ考えた後に「(バリがあっても) 部品は使えるから問題ない」と返答してきたのです。

私は「簡単に修正できるレベルのバリだから、修正を依頼して」と再度言いました。それでも周さんは「これは製品の中の部品です。ユーザーは見えないから問題ないです」と譲りません。私は「トライ部品でバリが見つかったときに修正をしないでそのままにしておくと、バリがさらに大きくなる場合があるから、今のうちに修正を依頼しておくのが大切です」と言いました。

それでも周さんはなかなか納得しません。「使えるから問題ない」の一点張りです。結局、私は周さんを納得させることをあきらめて、最終的に修正を依頼するかどうかは周さんに任せるかたちで会話を終えたと記憶しています。

この当時、私は「バリは無くすのに越したことはないし、修正を依頼するのも大変ではない。それなのに、なぜこのような簡単な仕事を渋るのだろうか」と不思議に思ったものです。

### ●真新しい壁に不要な穴が見えても問題ない

もう1つ、似たようなエピソードを紹介しましょう。私の職場が建物内で移動することになり、私がその職場移動の取りまとめを担当していたときの話です。会議室を新しく作り、その壁をきれいにペンキで塗りま

した。数日後に、ホワイトボードを設置するため業者がやって来ました。このホワイトボードは横幅が2m以上ある大きいサイズで、壁に直接設置するタイプです。

　業者がホワイトボードを掛けるフックを壁にビス固定するため、壁にビス用の穴をドリルで開けたときのことです。ドリルが壁の裏側にある鉄骨に当たってしまい、穴が開けられません。自宅で額を壁掛けするために壁に穴を開けるとき、同じような経験をした人も多いと思います。

　鉄骨は壁の中を横方向に取り付いているらしく、鉄骨を避けるにはホワイトボードを縦方向にずらさなければなりませんでした。上方向にずらすとホワイトボードの上端に手が届かなくなってしまう可能性があったので、下方向にずらすことになりました（図14）。

　しかし下方向にずらすと、開け損ねてしまった幾つかの穴の痕が、全て黒い点としてホワイトボードの上に見えてしまいます。この壁はペンキを塗ったばかりでとてもきれいだったので、それらの穴がとても目立ってしまうのでした。

　私は日本語通訳をしていた中国人の庶務に、「壁の穴をパテのようなもので塞ぐよう業者にお願いしてください」と言いました。しかし、そ

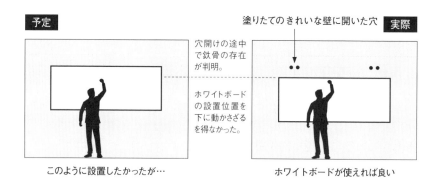

**図14　壁にホワイトボードを設置**
ホワイトボードを設置するための穴を壁に開けようとしたが、壁の裏に鉄骨があり設置位置を下げざるを得なくなった。塗りたてのきれいな壁に開け損ねた穴がとても目立っていたが、「ホワイトボードは書ければいい」と修復を断念。

の庶務は私の言ったことを業者に伝えもせず、私に向かって「穴があってもホワイトボードは書ければいいの。中国では全然問題ないの。そんなこと言っていたら中国で仕事できないよ」と大声で言ってきたのです。

　私はこのとき既に中国駐在が3年を過ぎ、このような状況には慣れていたので、「それは分かっているから、とにかくパテがあるか聞いてみて」と再度言いました。しかし業者はパテを持ってきてはいなかったため、その場での修復はできませんでした。結局、その後も穴の痕は残ったままになってしまったのでした。

## ●「そもそも論」「すじ論」「べき論」

　これら2つのエピソードで紹介したような場面に、中国では多く出会うことになります。中国人も手ごわいもので、「使えれば問題ない」だけでなく、「〜だから問題ない」をあの手この手で主張してきます。このようなやり取りを繰り返した経験から、中国で日本人がある依頼をしても、なかなか実施してもらえない理由に気付くことができました。

　まず、依頼を受ける中国人側の理由です。「使えれば問題ない」という考えは、中国人の国民性から生まれる代表的な主張の1つです。日本人

**図15　依頼をなかなか実施してもらえない理由**
「使えれば問題ない」という発想や1度発言した主張はなかなか曲げないという点は、中国人の国民性から生まれる代表的なもの。一方、依頼する側の日本人は妥協しやすく説明不足という反省点がある。

の感覚からすると理解しづらい面がありますが、ある意味で合理的な考え方です。よって日本人から合理的とは言えない依頼が来ると、なかなか実施してくれないのです（図15）。

　一方、日本人には「そもそも論」「すじ論」「べき論」が多くの発言の根底にあります。これら3つの意味は全て同じようなものです。周さんのバリのエピソードでいうと「そもそもバリは最小にするのがすじ、よって金型修正すべき」となります。これは日本人の国民性から生まれる代表的は主張の1つだと思います。これが中国人にはなかなか受け入れてもらえないのです。

　つまり「使えれば問題ない」と「そもそも、すじ、べき論」は相反するところがあるため、お互いになかなか理解はできず、それが日本人の依頼が実施してもらえない原因となります。

　図16は、私が中国人の親友に「日本人の良いところと悪いところは何がありますか？」とWeChatで質問したときの回答です。6行目からが「悪いところ」です。その書いてあることはほとんど同じ内容で「そもそも、すじ、べき論」になっていることが分かります。

良いところ 1) 誠実です。2) 真面目です。3) 決めたら最後までやること。4) 品質を重視すること。5) チームワークが大事にされていること。悪いところ 1) 融通が効かなくて一筋なところがある。2) 日本人は比較的に硬いイメージがあって、人と親しくなるまで時間かかる。3) 夢中になる時にコストパフォーマンスが考えないこと。4) 頑固なところがあって新しいモノを認めるまでには時間がかかる。5) 潜入感を持っている。

図16　中国人の友人に、日本人の良いところと悪いところを質問したときの回答メール

・融通が利かない
・一筋
・頭が硬い
・頑固
・新しいモノを認めるまでには時間がかかる
・先入観

　図16にある「悪いところ」の3)はやや分かりにくい日本語ですが、「夢中になる」を「意固地になる」に置き換えてみると分かりや

すいです。良いところも読んでみると、悪いところの裏返しになっています。つまり日本人の良いとも悪いとも言える特徴なのです。

## ●なぜ依頼するか、が説明下手な日本人

「そもそも、すじ、べき論」にとらわれ過ぎて説明不足の日本人が多いと思います。自分の依頼を実行してほしいなら、「そもそも、すじ、べき論」にとらわれることなく、その依頼がなぜ必要かを分かりやすく説明することが大切です。

中国の製造現場で、日本人のマネージャーが部下に残業をお願いすると、断られることがよくあると聞きます。「今日は残業して100個のカートンをテープで留めて積んでおいてください」と中国人の作業者に依頼したとします。マネージャーとしては、テープ留めを終わらせてカートンをきれいに積んで一区切りつけてから帰宅したいのです。一方で部下は、残業せず明日やれば良いと主張します。しかし、「カートンをきれいに積んで一区切りつける」という「そもそも、すじ、べき論」にとらわれるのではなく、その必要性を分かりやすく説明すれば残業はしてくれます。それは、例えば次のような説明です。「明日の朝9時発のトラックに100個のカートンを積み込みます。明日の朝8時半から作業しても間に合わないので、今日残業してテープで留めて積んでください」と、このように説明すれば、部下は納得し残業をしてくれるのです。

周さんのバリのエピソードでは、次のように言えば良かったと後から思いました。「私たちはソニー製品の部品を造っています。ソニー製品は細かいところまで品質が良いから、世界中の人が買ってくれます。周さんはソニーの部品を造っています。だから、

御社には、品質の良い日本製品の部品をお願いしているのです。だから、この修正は必要なのです。

**図17　合理的な考えの中国人に納得してもらう方法**
その依頼が「なぜ必要なのか」をしっかり説明する必要がある。

このバリは無くす必要があります」と。部品メーカーへの依頼などでは
このように説明するとたいていの場合は納得し、実施してくれました（図
17）。

## ●依頼する側に必要な3つの心掛け

　これらを踏まえ、私は中国人への依頼を円滑に進めるために、次の3
つを心掛けるようにしています。

　1つは、自分の依頼する内容が自分の経験上で実現できる内容であり、
それが必要であると判断したら、絶対に「妥協」はしないことです。中国
メーカーで作製する部品に、前述したようなヒケやバリが発生するケー
スは多くあります。このようなケースに遭遇した日本の設計者が、「使え
れば問題ない」から始まる中国人のあの手この手の主張に対して、自分
の要望をしっかりと主張せず「妥協」してはいけないのです。

　中国の街角で買い物をしているときや、路上を歩いているとき、中国
人同士がお互いに大きな声で主張し合っている場面を私は何回も見か
けました。中国は主張の国です。「妥協」して自分の要望を明確に主張し
ないでいると、「この人は本気で要望しているわけではないんだな」と
相手に受け取られてしまいます。自分が「必要だ」と思ったことは「妥協」
せず主張しなければなりません。

　もう1つは、その主張に対してそれが「なぜ必要なのか」の理由をしっ
かりと説明することです。中国人に限りませんが、人は納得すれば必ず
行動を起こしてくれるものです。特に中国人はしっかりとした説明がな
かったり、説明があってもその説明に自分が納得していなかったりする
と、なかなか行動を起こしてくれないのです。

　私は中国の部品メーカーで多くの部品を造ってきました。中国人は自
分の納得しないことはなかなか実行してくれません。よって私は、例え
ば部品メーカーに変更依頼をするときには、「なぜその変更が必要か」と
いう理由を、変更しなかった場合の問題点や、その波及する被害、とき

には問題が発生したときの賠償額の話を交えながら、丁寧に説明するように心掛けていました。

　そして最後の１つは、中国人に対して無理に「そもそも、すじ、べき論」を強要していないかを自分に問いただしてみることも大切です。自分の依頼が本当に必要であれば、その必要な理由をしっかりと説明できるはずです。もしそれができないようでしたら、その依頼は不要ということになります。

Point

- **本当に必要な依頼は妥協しない**
- **必要な理由を説明する**
- **「そもそも、すじ、べき論」になっていないか見直す**

## 3-8　言われたこと"だけ"するのが中国人

　日本には「以心伝心」や「一を聞いて十を知る」「あうんの呼吸」という言葉があります。社会人になったばかりの頃に上司から、「言われたことだけをやっているようじゃダメだ」と言われた人も多いと思います。しかし中国では逆に、言われたことをするのが基本となります。もっと言えば、「言われたこと"だけ"をする」ともいえます。それを痛感したエピソードをお伝えします。

### ●日本製雑貨の輸出業の手伝い

　私はソニーを辞めた当初、技術的に優れた日本の製品を中国に販売す

る仕事をしようと考えていました。そこで貿易などの勉強をするため、中国駐在時の人脈から、日本製の雑貨を中国に輸出・販売している日本在住の中国人を紹介してもらいました。

その人の名前は陳（仮名）さんといいます。陳さんはとても気さくな若者で、5人の中国人を雇い、日本製の雑貨を問屋から仕入れて中国に輸出して販売する仕事をしていました。輸出量はかなり多く、仕事は順調のようでした。陳さんとは何度か食事をして、中国との貿易ビジネスの仕組みを教えてもらったり、中国人と日本人のビジネス上の考えの違いなどを話し合ったりして、かなり親しい仲となりました。

陳さんには1つの悩みがありました。それは日本の問屋との関係構築です。陳さんは、日本には問屋のランクが第1問屋から第4問屋まであると言います。第1問屋は価格が最も安いものの大量に仕入れる必要があり、逆に第4問屋の価格はやや高めですが、少量でも仕入れられます。第2問屋、第3問屋はそれらの中間になるのです（図18）。

陳さんの会社は、主に第3問屋と第4問屋から仕入れていました。しかし、業務が拡大して取引量も増えてきたため、第1問屋か第2問屋から低価格で仕入れたいと考え始めていたのです。

ところが、第1問屋や第2問屋と取引するには、それらの問屋との人間関係の構築が不可欠で、中国人の陳さんにとってはハードルが高い。そ

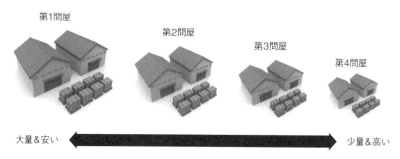

**図18　4ランクある問屋**
仕入れる量と価格によって4つのランクに分かれる。仕入れる量が大量で価格が安い第1問屋や第2問屋と取引するには信頼関係の構築が不可欠だった。

こで私に、第1問屋や第2問屋との人間関係を構築し、取引できるようにしてほしいと陳さんは依頼してきたのです。

しかし、私にとって問屋との取引は未知の分野です。そこでまずは仕入れについて勉強するため、ある指定されたドラッグストアで日本製雑貨の店頭価格を調べるように、陳さんから指示されました。陳さんによると、このドラッグストアからは店頭価格であれば、ある程度大量に商品を仕入れられるそうです。

調査するに当たって、陳さんは商品名と型番、価格を記載したリストを私に手渡しました。リストに記載されている価格は、陳さんの会社が把握している現状での日本における最安値とのことです。陳さんの会社はその価格で日本製雑貨を仕入れているのですが、このドラッグストアでは店頭価格がリストの価格よりも安くなっている場合があるそうです。リストの価格より安く仕入れられれば、その差額をそのまま利益に上乗せできます。もし安い価格で売っている商品があれば連絡してほしいと言われました。

## ●ドラッグストアの店頭価格を調査

私は陳さんから受け取ったリストを手に、ドラッグストアの店頭価格を調査し始めました。実際に始めてみると、想像以上に大変な作業でした。店内には商品がとてもたくさんあり、リストに記載されている商品を見つけ出すだけでも時間がかかります。見つけやすくするため、あらかじめリストの商品をインターネット上で検索して外観の写真を用意しておき、その写真を手掛かりに商品を見つけ出そうと考えました。しかし類似形状の商

**図19　ドラッグストアで店頭価格を調査する**
リストを渡されて、その店頭価格を調べるように陳さんから依頼を受けた。

品も多く、型番が1文字だけ違うものもあります。あまりジロジロと価格表示ばかり見て店内を歩いていては、怪しい人と勘違いされてしまいます（図19）。

そこで私は店内での価格調査はやめることにして、インターネット上で価格を調べようと思いました。まずは陳さんにそのことを電話で相談したところ、次のような言葉が返ってきました。「リストの価格は既にネットでも調査済みなので、ネットで調べる必要はありません」。私はその言葉に納得はしたものの、再び店内で価格調査を行う気にはなれず、ネット上でもっと安い価格を調べることにしたのです。

リストに記載されている商品の価格をネットで調査したところ、すぐにリストより安い価格の商品が幾つか見つかりました。例えばある美容器具は、リストの価格は2500円でしたが、ネットでの販売価格は2000円でした。私は1時間ほどの調査で、リストの価格より安い商品を5点、簡単に見つけることができたのです。

私は陳さんが喜んでくれるだろうと思い、これらの情報をすぐに連絡しました。商品名と価格、販売店名の記載されている画像をキャプチャーし、陳さんにWeChatで送ったのです。ところが、ここから思いもかけない展開となりました。

「忙しいから後で！」

**図20　すぐ電話を切られてしまう理由が分からない**
陳さんに情報を送った直後から、急に連絡が取れなくなった。

### ●突然、音信不通になる

これまでに陳さんには何回か電話をしたことがあり、WeChatで連絡したこともありました。いずれも対応はとても良く、電話はすぐ出てくれてWeChatの返信もすぐくれました。しかし、5つの商品の価格情報をWeChatで連絡したときを境にして、連絡が途絶えてしまったのです。電話では「忙

しいから後で」と言われすぐ切られ、WeChatの返信は全くもらえなく
なってしまいました（図20）。

　私はなぜこのような状況になってしまったのか、しばらく考え込みま
した。まず思い付いたのが、次のような理由です。それは、私から十分
な情報を得られて十分な利益を得られることが分かったので、私に報酬
を支払う前に付き合いを辞めてしまおう、というものです。

　しかし、私と継続的に仕事をすればもっと利益が得られるかもしれな
いのですから、その理由は腑に落ちるものではありません。その後も陳
さんとは全く連絡が取れない状態が続き、本当の理由は見つからないま
まとなってしまいました。

### ● 「言われたことをしないのはダメ」と指摘される

　しばらくたったころ、私は別の仕事で中国へ出張に行きました。その
際、信頼できる中国人の友人にこの出来事について相談してみました。
私は陳さんとのやり取りの詳細を説明し、なぜ突然連絡が途絶えてし
まったか、中国人の視点から教えてほしいとお願いしたのです。

　そうしたところ、その友人から返ってきた言葉があまりにも中国人的
な発想だったため、とても驚いた記憶があります。開口一番、彼は「ドラッ
グストアで価格を調べてと言われて、
それをしなかったのはダメですね」と
指摘したのです（図21）。

　陳さんの依頼内容の趣旨は「リスト
に記載されている価格より安い価格
を見つける」と私は理解し、店頭で調
査するよりもネットで調べた方が早
いと考えました。そして実際に、安い
価格の商品を簡単に5点見つけ出すと
いう結果を出したのです。つまり、私

言われたことをしないのは
ダメですね！

**図21　中国人の友人からの指摘**
相談したところ、開口一番「言われたことをしないのはダメですね」と
指摘された。

は言われたこと以上の結果を出したと自分では考えていました。

しかし中国人の友人の意見はそうではありませんでした。言われたことを言われた通りにしなかった人（私）とはもう一緒に仕事をしたくない、と陳さんは判断したのだろうと言うのです。

## ●言われたことをするのが中国人

その後、この件は日本人も含めてさまざまな人に相談しました。その中に、次のような意見がありました。「陳さんはネットで調べた上でリストの価格が最安値であると言ったのに、それを信じずに勝手にネットで調べてより安い価格を見つけてしまった。つまり、陳さんのプライドを傷つけたのではないか」というものです。確かにそれもあるかもしれません。

陳さんが連絡をくれなくなった本当の理由は、今となっては確かめようもありません。しかし、中国人の友人から「言われたことをしなかったのはダメ」という、とても中国人的な意見を言われたことは強く印象に残っています。やはり中国のビジネスにおいては、「言われたことだけをする」ことがとても重要であると改めて認識したのです。

## ●正確に質問すれば正確に答える

もう1つ、これに関連するエピソードを紹介します。私が中国に駐在していたとき、プロジェクター内部に組み込む鋳造部品の検査工程を確認した際のことです。この鋳造部品の図面には、1つの面に開いた直径約40mmの丸穴の中心を仮想基準点として、他の部位の寸法が表記されていました（図

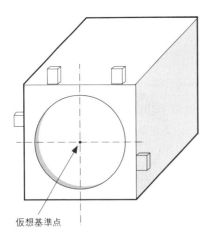

仮想基準点

**図22　仮想基準点を持つ部品**
丸穴の内面を利用し仮想基準点を決めていた。

22)。

　この仮想基準点は3次元測定器のプローブを丸穴の内側に接触させて作成します。しかし、実際に加工した部品の丸穴は真円になっているとは限らないので、プローブの接触位置によっては仮想基準点も変わってしまいます。結果、その仮想基準点から測定した各部位の寸法も測定ごとに違ってきてしまいます。

　私はそれを防ぎたかったため、まずは仮想基準点の作り方を知る必要があると考えました。そこで測定担当者に「この基準点はどうやって取りますか？」と質問しました。すると、返ってきた答えは次のようなものです。「私は専門学校を卒業し、入社してから測定の訓練をしました。ですから測定にミスはありません」。その回答が返ってきたとき、私は「すごくプライドの高い測定者だな」と感じました（図23）。

　しかし私はすぐに、これは質問の仕方が悪かったのだと気付きました。そして次のように質問を言い換えました。「今はあなたが測定していますね。しかし、明日はあなたではない人が測定するかもしれません。今日のあなたの測定の方法と明日の人の測定の方法が違うと、測定データに違いが発生してしまうかもしれません。それでは良くないので、今のあなたの基準点の取り方を教えてください」と聞いたのです。

　すると測定者は私の質問の意図を理解し、丁寧に自分の行っている測定方法を教えてくれました。私は、引き続きその内容を検査基準書に詳細に記載するように依頼したところ、後から修正した検査基準書を見せてくれました。

　これによって私が学んだことは、質問する理由の説明も含めた正確で漏れのない依頼をすれば、正確な回答と対応が

私は専門学校を出ていますから、測定にミスはありません！

**図23　プライドが高そうに返事をする測定担当者**

返ってくるということでした。「一を聞いて十を知る」を期待する依頼
や質問の仕方をするのではなく、依頼や質問の内容を漏れなく曖昧でな
い言葉で伝える大切さです。そうすれば、こちらの希望している回答や
対応を漏れなく正確に実施してくれるということです。

### ●「言われたことだけをする」への対応方法

今回紹介したエピソードをまとめると、次のようになります。日本で
は、依頼する側は「一を聞いて十を知る」に期待し、依頼される側は依
頼内容以上の結果を出すのが求められる仕事のやり方です。一方の中
国では、「してほしいことだけ」を依頼する側が伝え、依頼された方は「言
われたことだけ」で結果を出す仕事のやり方が求められるのです。

やや極端なエピソードで、日本と中国の国民性の違いをお伝えしまし
た。もちろん、現在の中国の発展具合から想像すると、これらのエピソー
ドのような中国人ばかりではありません。

米国やその他の海外に留学して中国を引っ張っていこうとしている
若者は、中国の枠の中だけで仕事をしている人とは違う考えで仕事をし
ているのではないかと思います。しかし、中国ではこれらのエピソード
で紹介したような考え方で対応をする人がほとんどである、というのは
覚えておいて良いと思います。

\ Point /

- ・依頼や質問はその理由を含め漏れなく正確に伝える
- ・依頼以上のことは期待しない

第**4**章 # 中国企業との関わり方

# 4-1 1次メーカー・2次メーカー、商社との関わり方

　日本である部品メーカーに部品を発注すると、その依頼を受けた部品メーカーは他の部品メーカーと協力して部品作製をする場合が多くあります。自社にない工作機械が必要であったり、塗装などの設備がなかったり、受注数量をこなせる人材と装置がなかったりする場合です。しかし、部品を依頼する側はそれらの協力会社の存在をほとんど知らなくても、部品は問題なくできてきます。それは依頼を受けた1次メーカーが全ての窓口となってくれて、全責任をもって対応してくれるからです。

　また、日本のものづくりでは商社を間に挟んだ部品の発注がとても多くあります。信頼できる商社にお願いすれば、自らメーカー探しなどのような手間のかかる仕事をすることもなく、ものづくりを進めることができるからです。

　では日本の設計者が中国の部品メーカーに直接部品を発注したり、日本の商社を経由して中国で部品を作製したりする場合でも、問題ないと安心しきって大丈夫でしょうか。

**図1　1000℃近くの高温になるプロジェクターのランプ**

## ●プロジェクターの送風ノズルに溶接の不具合

　これは私が中国へ赴任した当初に経験したエピソードです。当時、私はプロジェクターの担当でした（図1）。そのプロジェクターの光源であるランプはとても高温になります。しかしランプの寿

命と輝度を維持するには、ランプメーカーの指定する温度を保つ必要があります。そこで、ファンからの送風で風量をコントロールしながらランプを冷却し、温度を1000℃近くに維持して点灯しているのです。

ランプの中心には直径10mm弱のガラス球があり、そこが高温になります。そのガラス球の適切な箇所に送風する必要があり、そのために板厚0.3mmの板金でできた小さな送風ノズルがランプの近くに取り付けられています。図1の写真では、側面にあるネットの内側に位置しています。その送風ノズルはやや複雑な形状をしていて、2枚の板金がスポット溶接で接合されていました。

## ●市場で溶接剥離のトラブルが発生

生産中のある日、このスポット溶接されている部品が剥離するという問題が発生しました。製品が発火するような問題には発展しませんが、ランプを適切な温度に維持できなくなり、仕様より早くランプの寿命がきてしまうことになります。

この2枚の板金をスポット溶接した送風ノズルは、信頼できる日系の商社に製造を依頼していたものでした。板厚0.3mmの板金の加工は、板厚が薄く一般のプレスメーカーでは加工できなかったため、日系の商社に依頼して中国のメーカーを探してもらったのです。

私は、日系商社の1人の担当者だけにこの部品作製に関する全ての情報を渡し、その商社が探したプレスメーカーの名前を聞いたり、その部品メーカーを訪問したりすることもせずに、送風ノズルの作製を進めていました。日本で商社に部品を発注し、日本の部品メーカーで部品を作製する場合は、このような仕事の仕方でも問題はまず起こりません。日本の商社の担当者が部品作製に関わる全てのメーカーを、品質面においても実務においても全てコントロールしてくれるからです。

私はこのとき、日本の習慣通り商社の担当者に全てを任せ、それ以外の人には何もコンタクトを取らないで部品作製を進めてしまうという

ミスを犯してしまっていたのでした。中国に赴任したばかりの頃、日本にいたときの感覚で仕事をしていた私は、その担当者に私の要望を全て確実に伝えてさえいれば、自分は他に何もすることはないと思っていました。ところが中国ではそのようにはいかなかったのです。

## ●人手不足で溶接作業を別の会社に外注

溶接剥離の原因の調査が始まりました。その日系商社は、板厚0.3mmの板金をプレス成形とスポット溶接ができるA社を探し出し、その製造を依頼していました。ところが生産が始まり生産個数が増えてくると、このA社だけでは溶接作業の人手が足りなくなってしまったのです。どうしたか？ スポット溶接の作業の一部を、全く別の会社であるB社に外注したのでした（**図2**）。

調査が進むと、スポット溶接の剥離はB社に外注した部品のみで発生していると分かってきました。実はA社は溶接作業を再委託する際に、A社での溶接方法と溶接条件をB社に伝えていなかったのです。結局、B社のスポット溶接の品質がA社と違ってしまったのです。

驚いたことに、A社がB社にスポット溶接を外注している事実を、少なくともこの問題が発生した当初は日系商社も知りませんでした。つまりA社は自社だけの判断で、スポット溶接作業の一部をB社に外注していたのです。

そこで、次のような対策を実施しました。まず、スポット溶接をA社に戻します。その上で、溶接強度を測定してから出荷するようにしました。また、再発防止策として4M（人、機械、材料、方法）変更管理を徹底することにしたのです。

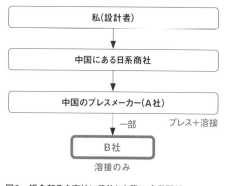

**図2 板金部品を商社に発注した際の企業関係**
A社が、人手不足になった溶接作業を別会社であるB社に再委託していた。

今回、A社が自社の判断でB社にスポット溶接を外注したということは、4Mのうち「人」「機械」の変更に該当します。「溶接する人」と「溶接する機械」を変更したのに、A社は発注元である商社の担当者にその連絡をしていませんでした。これは絶対にあってはならないことです。

　スポット溶接をA社に戻し、溶接強度の測定、4M変更の再度徹底という対策以外にも、溶接機の使用とそのための治具を作製するという対策も行いました(**図3**)。実はA社においてもB社においても、スポット溶接を手作業で行っていたのでした。中国では基本的に手作業は不良の原因になりやすいです。これに関しては、第8章で詳しくお伝えします。

## ●商社への依頼でブラックボックス化する部品メーカー

　今回のトラブルに対する私の反省点は、以下の4つになります。

[1] プレスメーカー（A社）の名前さえも知らず訪問もしていなかった
[2] スポット溶接をプレスメーカーの社内で行うか、外注するかの確認をしていなかった
[3] 強度のバラツキが発生しやすいスポット溶接の作業方法と設定値を確認していなかった
[4] スポット溶接を手作業で行っていたことを知らなかった

　今考えれば、商社が製造を依頼している部品メーカーを訪問することは基本中の基本でした。訪問すればスポット溶接はどこですのか、またその工程はどういう作業内容になってい

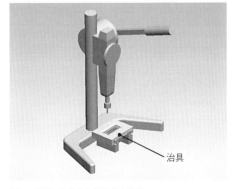

治具

**図3　新規に追加した溶接機と治具**
手作業だった溶接作業に溶接機と治具を導入し、品質向上を図った。

るのかなどが見えてきます。スポット溶接はバラツキが発生しやすい作業なので、4M変更時の連絡の徹底、さらに溶接機と治具の作製という品質対策を最初から打てたかもしれません。中国赴任当初の私は日系商社に全てを任せて何もせず、とても甘かったと実感しています。

## ●日本から商社経由で中国に部品を発注する

このとき私は中国に駐在していたので、「中国にある日系商社」にコンタクトを取っていました。もし日本にいる設計者が日本にある商社にコンタクトして中国の部品メーカーで部品を作製する場合は、**図4**のようになります。

部品の2次加工（溶接、塗装など）が外注であった場合、「日本の設計者」と「中国にある2次メーカー」までの間には3社が入ることになります。そして「日本の設計者」が「日本にある商社」としかコンタクトしなかったとしたら、それ以降の3社は完全にブラックボックス化してしまうのです。

中国にある日系商社に、技術のことを理解し中国の部品メーカーを指導できる日本人駐在員が十分にいるとは限りません。さらに「日本の設計者」からの情報は4回の伝言をもって「中国にある2次メーカー」に伝わります。「日本の設計者」にとって「中国にある2次メーカー」はとても遠くの見えない存在になっているのです。この状況で「日本にある商社」の担当者だけに全ての情報を

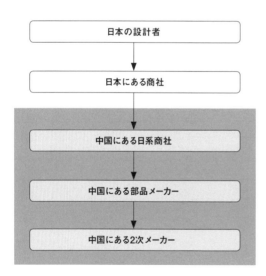

**図4　ブラックボックス化する中国にある部品メーカー**

渡して任せてしまうことが、実はとても危険であるということをお分かりいただけたと思います。

　一応お断りしておきますが、私は商社に任せること自体は決して否定しません。私が実際に経験したことや商社の方から聞いた実際のお話から、部品メーカーのブラックボックス化には、用心するに越したことはないとお伝えしたいのです。

### ●ブラックボックス化を防ぐ2つの行動

　「中国にある日系商社」以降をブラックボックス化させないために、最低、次の2つを行うことをお勧めします。「中国にある部品メーカー」の訪問と、2次加工があれば「中国にある2次メーカー」の名前を聞いておくことです。もちろん訪問できればそれに越したことはありません（**図5**）。

　せめて「中国にある部品メーカー」が2次加工を外注しているか否かだけでも聞いておきましょう。単に「メーカー名を聞く」だけでも、勝手に4M変更させない抑止力になります。また問題発生時の原因究明が速くなります。問題が発生した後は、もちろんのこと情報は入手しにくくなり、原因究明に時間がかかるのです。

### ●2次メーカーも、1次メーカーとパラレルにお付き合い

　中国にある部品メーカーに部品作製を直接依頼する場合でも同じことは起こり得ます（**図6**）。

　日本の設計者は1次メーカーの担当者に情報を伝えるだけではなく、ここを訪問するのはもちろんのこ

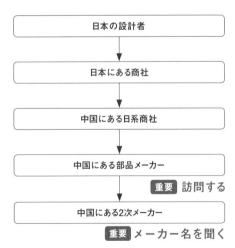

**図5　ブラックボックス化を防ぐための方策**
中国にある部品メーカーを訪問し、2次メーカー名を聞いておくことが重要になる。

と、2次メーカーもしっかりと確認したいところです。まず、2次加工が外注されているか否かを知る、そしてメーカー名を聞く、また訪問できればなお良いです。

図7は、極端かと思われるかもしれませんが、2次メーカーも1次メーカーと同じようにパラレルな感じで直接コンタクトが必要な場合もあります。特に塗装など品質管理が難しい工程のある部品の場合です。基本的には1次メーカーが選定した2次メーカーは、1次メーカーの責任範囲ですが、ケアしておくことに越したことはありません。

中国の部品メーカーを訪問することは多くの時間と労力を必要とします。車で何時間もかかることがあります。しかし、もし製品に問題が発生して数百万円以上の改修費用が発生することを考えれば、1次、2次

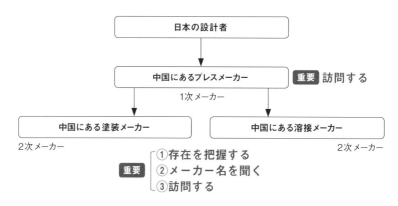

図6　中国にある部品メーカーに直接部品作製を依頼する場合の関係

図7　品質管理が難しい工程のある部品の場合に必要となる関係
設計者は2次メーカーもケアする必要がある。

メーカーともに訪問してもお釣りは十分にきます。

- ・1次メーカーは必ず訪問する
- ・1次メーカーに外注先があるか聞く
- ・2次メーカーの名前を聞く
- ・2次メーカーもできれば訪問する
- ・2次メーカーもケアしておく
- ・商社経由の発注でも、1次メーカーは必ず訪問し、2次メーカーの名前は最低聞く

## 4-2 OEM/ODMメーカーとの関わり方

　私たち日本人には、相手を信頼して「一任」するかたちで仕事を進める人が多いと思います。「結果的にスペックに入れば良いので、改善方法はお任せします」と打ち合わせで言ったり、「強度は10N以上のこと、測定方法は一任」と図面や仕様書に書いたりした経験があるはずです。

　このような表現を日本の設計者がする理由の1つには、「相手側にも都合（持っているスキル、装置などの違い）があるので、結果に至る方法までは指定しません」という意味合いが含まれていると考えられます。もう1つは、日本の技術者同士の長い付き合いで価値観が近く、「想定外のことはしないであろう」という信頼感があるからだと思います。

　日本の設計者がOEM（相手先ブランドによる生産）/ODM（相手先ブランドによる設計・生産）メーカーに仕事を依頼するときも同様です。窓口となっている担当者（多くは営業担当）を全面的に信頼し、必要な

情報を全てこの担当者に伝えさえすれば製品は間違いなく出来上がってくると考えるのでしょう。

しかし、中国で仕事をする場合には、その「一任」が通用しない場合があります。窓口の担当者と何回か面識があったり、日本人同士であったりすると、ある程度は信頼感を持って「一任」ができますが、実際に部品を造っている部品メーカーの実務担当者にまでその「一任」が通用するとは限らないのです。

## ●ブラックボックス化するOEM/ODMメーカーの先

日本の設計者がOEM/ODMメーカーに製造を委託する場合は、**図8**のような関係になります。OEM/ODMメーカーの窓口担当者に要求仕様などの情報を伝え、それ以降の業務内容の全てを一任している日本の設計者は多いはずです。具体的には部品メーカーの選定や部品作製の実務、その後の品質管理などの仕事です。最終的に問題なく製品が完成すれば、その過程は「一任」するというわけです。つまり、図8の下半分がブラッ

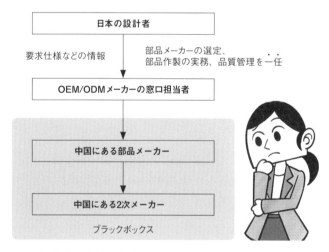

**図8　OEM/ODMメーカーに委託する場合の関係**
OEM/ODMメーカーを信頼して一任してしまうと、その先で実際に部品を製造する部品メーカーはブラックボックスになってしまう。

クボックスの状態で業務を進めていることになります。

　設計者にとって自分が担当する部品が、「どこで」「どのように」造られているかを知ることは基本です。それは中国に限らず日本でも同じです。しかし、特に中国ではOEM/ODMメーカーを信頼したとしても、その先がブラックボックスになっていることが非常に危険なのです。

## ●生産開始の2年後に発生した不具合

　ここで、私が経験したエピソードを紹介しましょう。私が中国から帰任して間もないときのことでした。市場で液晶モニターの樹脂製リアカバーのビス固定部分が突然割れたという情報が入りました（**図9**）。

　このモニターは台湾のODMメーカーに設計・製造を委託した製品です。生産が開始されてから既に2年が経過していましたが、それまでにこのような問題は全く発生していませんでした。また、生産開始以降に樹脂の材質や成形に関する変更は一切していなかったので、この問題の発生当初から原因究明にはかなり時間がかかると想像されました。原因を探ろうと、まずは以下2つの推測に基づいて検討を開始しました。

[1] そもそも強度が足りていなかった

[2] モニターの輸送時や使用時に想定外の力が加わった

　[1]は、生産前の検証時に製品の強度試験を間違った条件や方法で行ってしまい、そもそもリアカバーの強度が足りていなかったのではないか、という想定です。そこで設計基準に規定している全ての強度試験を再度行い、また規定にはない「基準の2倍の負荷」

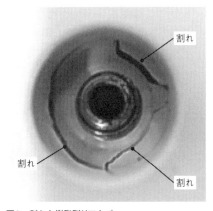

**図9　割れた樹脂製リアカバー**
2年以上前に生産を開始していた液晶モニターのリアカバーのビス固定部分が割れるという不具合が発生した。樹脂の材質や成形に関する変更はしておらず、原因究明に時間を要した。

での強度試験も実施しました。しかし、図9に至るような割れは全く発生しませんでした。

　モニターの輸送や使用時を想定した試験方法が設計基準には規定されています。その設計基準にのっとって強度試験は行われるのですが、問題のモニターは想定外の輸送や使用の仕方をされた可能性があるとも考えられます。それが[2]です。そこでリアカバーの割れた箇所の破断面解析を行い、そこからモニターの想定外の輸送や使用の仕方をされたヒントを得ようとしました。しかし、この解析でも原因解明に至る成果は何も得られませんでした。

## ●樹脂の材質が変わったとしか考えられない

　こうなると、変更していないはずの樹脂の特性に何らかの変化があったとしか考えられません。過去に中国で、成形機に投入する樹脂ペレットに異物が混入していたという問題を聞いたことがありました。ペレットは設計者がその種類を指定し、それを成形メーカーに購入してもらいます。その成形メーカーでペレットに何かが起こったのではないか、と考えました。

　この問題は自社だけでは解決できないので、ODMメーカーに連絡し、このメーカーの外注先である成形メーカーを調査したいと伝えました。そこで私はまず、このリアカバーがどこの成形メーカーで製造されているか、外注先のメーカー名を教えてもらわなくてはなりませんでした。実は、この点も問題だったのです。ODMメーカーに全てを一任していたため、自社の製品に使われている部品がどこのメーカーで成形されているか、全く知らなかったのです。

　ODMメーカーから外注先の成形メーカーの名前を教えてもらい、その成形メーカーが中国にあると初めて知ります。樹脂の特性に変化があった原因は何か、その糸口を見つけようとODMメーカーの担当者と一緒にその成形メーカーを訪問することが決まりました。

外注先の成形メーカーの訪問に先立ち、[1] 割れたリアカバーの赤外線分光分析、[2] ペレットの出荷量と購入量の調査、という2つの事前調査を行いました。

樹脂の特性が変わったとすれば、樹脂ペレットに何か異物が混入したと推測されます。その異物が何であるかを調べるために、[1] の赤外線分光分析を行いました。モニターが生産開始された当初の問題ないリアカバーと、割れたリアカバーの材質の比較をしたのです。

その結果、微量ではあるものの、割れたリアカバーには異物、つまり設計者が指定した本来の樹脂には含まれているはずのない物質が含まれていたのです。樹脂メーカーに問い合わせたところ、その異物は樹脂の劣化を促す物質であると判明しました。

なぜ、異物が混入していたのか。設計者がメーカー名、タイプ名、色番号などを指定したペレットを、中国の成形メーカーが購入していない可能性があります。そこで、樹脂メーカーから成形メーカーへの樹脂ペレットの出荷記録と、成形メーカーの購入記録を比較することにしました（図10）。

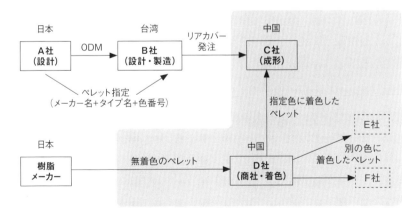

**図10　リアカバーの製造に関わるメーカー**
リアカバーを成形したC社は、日本の樹脂メーカーからペレットを直接仕入れておらず、D社（中国の商社）を経由していた。そのペレットは、D社が無着色の安価なペレットを購入して着色したものだった。

成形品には多くの場合、その内側に製造年月日が刻印されているので、割れたリアカバーを見れば成形した日付が分かります。その日付以前1〜3カ月のペレットの出荷記録を樹脂メーカーに教えてもらいました。一方、成形メーカーからもペレットの購入記録を入手しました。すると、とんでもないことが3つ判明したのです。

まず、樹脂メーカーからの出荷量と成形メーカーの購入量が違っていたのです。出荷量の方が購入量より多くなっていました。つまり、指定したペレットが別のところに流出していたことになります。指定のペレットはこのモニター専用のオリジナル色なので、他社が使用することはないはずです。

2つ目は、ペレットの色番号を指定していたのですが、出荷されたペレットは無着色のペレットでした。指定した色番号のペレットではなかったのです。つまり、どこかで着色されていたことになります。

3つ目は、樹脂メーカーに出荷先であるはずの中国の成形メーカー名を伝えたところ、その成形メーカーには直接出荷しておらず、中国にある商社に出荷していたのです。その商社の社名は、顧客情報として機密との理由で教えてもらえませんでした。

赤外線分光分析による異物の混入、出荷量と購入量の違い、無着色ペレットの出荷先が違うといった事実が判明しました。その結果、成形メーカー以外の企業（商社）がこの樹脂ペレットの納入に関わっており、そこでペレットに何らかの操作が加えられたと推測できたのです。

## ●ドライカラーによって着色されたペレット

事前調査を終えた私は、ODMメーカーの担当者と一緒に成形メーカーを訪問しました。成形メーカーの担当者に日本での調査結果を報告し、ペレットの購入形態について問いただしました。最初はなかなか正直に言ってくれません。かなりしつこく聞き続けたところ、この成形メーカーの社長の昔ながらの友人が経営している商社から、今回のペレットを購

入していたことが判明したのです。

　今回の問題の原因はこの商社にあることがほぼ分かったので、私とODMメーカー、成形メーカーの担当者の合計7〜8人で早速この商社を訪問しました。私の事前調査の結果は成形メーカーに説明していたので、既にその情報は全てこの商社に伝わっています。

　商社を訪れて会議室に通されると、しばらくして社長が現れ、いきなりけんか腰に大声でまくし立て初めました。広東語で話しているためか、私には話の内容は全く分かりませんでしたが、後で聞いたところでは次のような話でした。「自分の会社は樹脂の着色も行っている。そしてある期間に限って樹脂メーカーから無着色のペレットを購入し、自社でドライカラーを用いてペレットを指定色に着色して成形メーカーに納入した」と言うのです（**図11**）。着色のためのドライカラーの成分表を見せてもらいましたが、その社長の言い分は、「ちゃんと指定色に着色して、本来のペレットと同じ価格で販売して何が問題なのか」ということだったようです。

　しかし樹脂には本来あるはずのない異物が混入していたので、ドライカラーの成分がリアカバーの強度に悪影響を与えていたことは明らかです。樹脂メーカーではペレットそのものを着色しますが、ドライカラーは粉末状の着色剤で、ペレットと混ぜ合わせて表面に付着させたような状態で成形機に投入します。この着色剤が悪さをしたのでした。

射出成形メーカーが使っていたペレット

無着色のペレット ＋ ドライカラー → 射出成形

**図11　実際の成形で使われていたペレット**
無着色のペレットにドライカラーを加えて着色したもので成形していた。そのため、本来は入ってはいけない物質（ドライカラーが含有）が混入し、リアカバーの強度に悪影響を与えた。

ドライカラーによる着色は、この商社が独断で行ったという結論に当時は落ち着きましたが、社長同士が昔ながらの友人であるのですから成形メーカーも承知していたと考えられます。もしかすると、ODMメーカーもこの行為を黙認していたかもしれません。真相は分かりません。この商社は指定色に着色されたペレットよりも安価な無着色のペレットを大量に購入し、自社で着色して別の企業にも販売していたようでした。

　米国に出荷する製品であればUL規格（製品安全規格）で規定されている樹脂を使用する必要があり、今回発覚したようなドライカラーを樹脂に混ぜてはなりません。その意味でも、大きな問題となりました。

## ●「どこで」「どのように」造られているかを知る

　問題の原因が判明したため、以下の対策を成形メーカーに実施してもらうことにしました。

　[1] ペレットの成分解析
　[2] ペレットの溶融解析（2種類）
　[3] リアカバーの強度試験
　[4] リアカバーの色検査

　ただし、今回の問題は、ある期間に限って行われていたことなので、これらの対策が効果的かは確認できません。また、意図的に行われた問題への対策として有効であるとは言えませんが、再発防止のためにできる限りの対策を実施したのです。

　今回の問題を経験しての反省点は、自分の担当する部品が「どこで」「どのように」造られているかを知らずに、ODMメーカーに全てを「一任」してきたことです。成形メーカーを訪問していれば、商社の存在を知り得たかもしれません。そして、成形メーカーへの訪問自体が不正行為の抑止力になった可能性もあります。定期的に訪問していれば、ペレットの袋を見る機会もあったはずです。

前述した通り、問題解決のために私が最初に行ったのは、「成形メーカーの名前を知る」ということからでした。比較的長い取引の実績があるODMメーカーだったため、信頼し過ぎていたのかもしれません。たとえ信頼できるとしても、それはODMメーカーまでであって、その先の成形メーカーを知ることを怠っていたのは大きな反省でした。OEM/ODMメーカーであろうと商社経由での発注であろうと、自分の担当する部品が造られているメーカーの①存在を知る、②名前を知る、③訪問する、がとても大切だと再認識した出来事でした（図12）。

　直接取引がない2次メーカーを訪問するのは、費用と時間の点で難しい場合もあります。しかし、1次メーカーが外注しているかどうか、外注しているならその名前を知ることは簡単です。問題が発生してからでは部品メーカーが情報を隠したがるため、なかなか真実にたどり着きませ

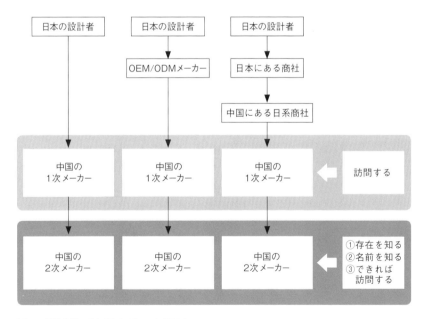

**図12　部品作製のさまざまなパターンと注意点**
部品メーカーとの間にOEM/ODMメーカーや商社などが入った場合でも、自分の担当した部品が「どこで」「どのように」造られているかを知る必要がある。2次メーカーが存在するかや、その名前を知ることはそれほど難しくない。可能であれば訪問したい。

ん。OEM/ODMメーカーに「一任」せず、部品が「どこで」「どのように」造られているかを知るという基本を忘れないようにしたいと思います。

- 「どこで」「どのように」造られているかを知る
- OEM/ODMでも1次メーカーは必ず訪問する
- 2次メーカーの名前は最低聞く

## あなたの部品はどこで造っていますか？

　ここまでお伝えしてきた通り、自分の部品が「どこ」で「どのように」造られているかを知ることはとても大切になります。では、現在の皆さんが関わっている製品や部品は「どこ」で製造されているか考えてみましょう。大切なのは、1つの部品だからといっても決して1つの部品メーカーで造られているとは限らないと知っておくことです。

　製品でも、あるモジュールは別のメーカーで製造されて、組立メーカーに納品されている場合や、ほぼ完成品を購入してきて組立メーカーで調整と梱包だけを行って製品化している場合もあります。こうなると、製品で発生した不良の原因を究明するために組立メーカーを訪問しても、そこでは根本原因を見つけることはできません。特に、商社やOEM/ODM先に一任している製品や部品は、しっかりと「どこ」を確認しておくようにしましょう。

# 第5章

# 100%意思疎通
# できる話し方

**日本語が上手な中国人との「会話」に落とし穴**

私たち日本人が中国やその他のアジア圏の国々でビジネスをすると、たいてい相手の企業は日本語通訳を用意してくれます。日本語通訳が年齢的にも自分に近い場合など、だんだんと友達感覚になって日本人相手と同じように会話をしてしまいます。しかし相手は日本語を勉強して覚えた外国人です。日本語を母国語で話す私たちの会話を全て理解できているわけではありません。本章では、そのような環境で私たちはどのようにして会話し、会議やメールで情報を出せば良いのかをお伝えします。

### ●「しょっちゅう」は9割方伝わらない

私は中国に駐在中、日本語の上手な中国人に必ずといっていいほど聞いていた質問があります。それは「『しょっちゅう』という言葉の意味を知っていますか」というものです。質問された中国人は、ほとんどが「しょっちゅう」という日本語を聞いたことがあるものの、その意味を知

**図1　日本語の上手な中国人でも知らない日本語は多数ある**
「しょっちゅう」「やっかい」「輪ゴム」の意味を約50人に聞いたところ、これら3つ全部を知っていたのはたった1人だった。

りませんでした。なんと知っていたのは約50人中わずか3人だけでした。

　「しょっちゅう」について質問する際、これに加えて「やっかい」と「輪ゴム」という日本語の意味についても一緒に聞いていました。これら3つ全ての単語の意味を知っていた中国人はさらに少なくなり、約50人中に1人だけだったのです（**図1**）。

　これら3つの単語は、私たち日本人にとってはとても簡単な日本語です。ところが、ほとんど問題なく日本語で会話できる中国人でも、これらのとても簡単な日本語の意味を知らないのです。駐在していた当時、私は不思議でなりませんでした。しかし多くの中国人に、この質問しているうちに、その理由が分かってきました。

### ●口語や難易度が高い言葉は理解してもらえない

　「しょっちゅう」を知らないのは、会話でしか使わない口語だからです。口語は中国の大学の日本語の教科書には載っていません。日本に2～3年間住んで日本人と会話した経験が多い中国人や、日本のテレビ番組などを見て生の日本語で勉強した中国人なら知っているのかもしれません。しかし、中国の大学の教科書でのみ日本語を勉強した中国人は、この口語を学ぶことはなかったわけです。

　「やっかい」は、実は外国人にとって難易度の高い日本語です。日本語検定のN1級（1番高いレベル）の試験に出てくる言葉だそうです。よって、この言葉を知らない外国人が多くてもある程度は納得がいきます。

　最後の「輪ゴム」に関しては、質問した後に「なぜ、知らないの？」と聞いたところ面白い回答が返ってきました。中国語では輪ゴムを「橡皮筋（シアン　ピー　ジン）」もしくは「皮筋儿（ピン　ジン）」と言います。これらの単語の漢字に「輪」の文字が入っていません。そのため輪ゴムと言われてもピンとこないのです。

　ここで私たちが知っておかなければならないことは、日本語の上手な中国人でも知らない単語はたくさんあるという事実です。仮に、日本人

にとってはとても簡単な日本語に思えても、日本語の上手な中国人の知らない単語は多く、前述のように口語であったり、ものは同じでも中国では言い回しが日本と異なったりする場合は注意が必要です。つまり、日本人がとても簡単で易しい単語を使って会話をしているつもりでも、相手の中国人にとっては内容が理解できない場合があるのです。

## ●中国人に伝わらない日本語とは

日本語の上手な中国人でも意味を知らない日本語は、他にもたくさんあります。先に紹介した口語や難易度の高い単語に加えて、**図2**に示す言葉もなかなか通じない場合が多いです。

まずは口語です。これは前出の「しょっちゅう」でお伝えした通り、易しい言葉を使用しているつもりなのに相手が理解できていないことに、日本人自身がなかなか気付かない単語です。他には「すり合わせ」や「ほっとく」などがあります。中国人の日本語通訳とは、慣れてくると日本人の友達のようになってきますが、あくまでも外国人であることを忘れてはなりません。

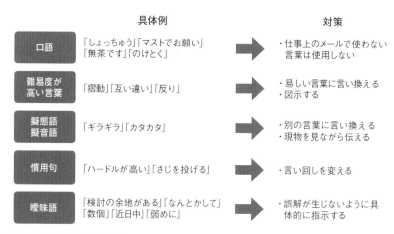

**図2　意味が伝わりにくい日本語**
口語や難易度が高い言葉だけでなく、擬態語/擬音語や慣用句、曖昧語なども理解されない場合が多い。確実に伝えるための対策が日本人側で必要になる。

次が難易度の高い言葉です。例えば「摺動」や「歪む」などです。日常会話ではあまり使わない日本語ですが、設計や製造の現場ではよく使います。これらのような言葉は、易しい言葉に言い換えた方が良いでしょう。例えば「摺動」は「滑らせて動かす」、「歪む」は「変形する」などに言い換えると伝わりやすくなります。

　やっかいなのは「反り」で、なかなか言い換えが難しい言葉です。このような言葉は図に描いて示すのが一番手っ取り早く確実です。「反り」の漢字は簡単なのになぜ中国人が理解できないのかは、この後のコラムでエピソードを交えてお伝えします。

　次は「ギラギラ」や「カタカタ」といった擬態語/擬音語などです。これらの言葉は中国に限らず、国によって表現が異なります。このような言葉を使用しなければならない状況の場合は、必ず現物を見ながら言いたいことを伝えるように心掛ける必要があります。

　次は慣用句です。「ハードルが高い」や「さじを投げる」などです (図3)。日本人は普段の会話で、これらの言葉をとても頻繁に使っています。中国人に対しては使わないのが一番ですが、もしこれらの言葉を使ってしまった場合は、気付いた直後に言い回しを換えて伝え直すようにしましょう。これらは「〜するのが難しい」と「あきらめる」で良いのです。

　最後に曖昧語の「うまい具合に」や「短めに」などの言葉です。これらの言葉の1つひとつの単語は、日本語の上手な中国人ならたいてい知っています。しかし問題は、これらの言葉に「判断はお任せします」という意味が含まれている点です。

　これら以外にも、英語や略語を使う場合にも注意が必要です。最近では「ワンストップ」

図3　「ハードルが高い」の意味は理解が難しい

や「クライテリア」などの言葉がよく使われます。これらは「1つの会社で全て」や「判断する基準」などと言い換えましょう。そもそも、日本人でも理解しにくい言葉は使わないことです。略語としては、「全取っ換え」や「朝一」などがあります。これらは「全部交換する」「午前9時」と言い換えましょう。「朝一」は曖昧語でもあるので注意してください。

　中国メーカーとのものづくりでは「相手に勝手な判断をさせない」ことがとても重要です。私たちは要望を、誤解が生じないように具体的に伝える必要があります。これらに類似する言葉として、「数個」や「近日中」「上寄りに」などの言葉の使用も厳禁です。

## ●母国語の会話と、勉強した外国語での会話の語彙数の差

　さて、ここで1つクイズです。私たち日本人は普段の会話において、いったい何語くらいの語彙を使っているでしょうか。また、日本語を勉強した外国人が使う日本語の語彙数は幾つくらいでしょうか。答えは、前者が約5万語、後者は約1万語といわれています。

　つまり、私たち日本人が普段話すような口語で日本語通訳の中国人と会話した場合、4万語近くが理解されていない計算になるのです。実際

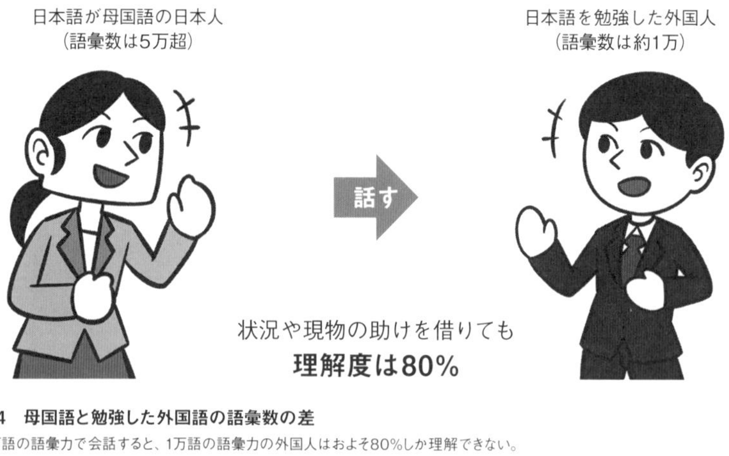

日本語が母国語の日本人
（語彙数は5万超）

日本語を勉強した外国人
（語彙数は約1万）

話す

状況や現物の助けを借りても
**理解度は80%**

**図4　母国語と勉強した外国語の語彙数の差**
5万語の語彙力で会話すると、1万語の語彙力の外国人はおよそ80%しか理解できない。

の会話では、その場の状況から内容が理解でき、現物や資料、映像など
を見ながら会話をする場合が多いので、私の感覚では約80％は理解され
ていると思っています（図4）。逆にいうと、それでも約20％の情報は理
解されず漏れているわけです。これはもちろん中国人以外の外国人でも
同じです。

　私たちが英語圏において英語で会話したときを思い起こしてみてくだ
さい。「Oh yes, OK OK！」と相槌を打って、そのときは問題なく会話が進
んでいたつもりが、仕事を進めていくうちに、後から「そんなこと言って
たっけ？」と思った経験はないでしょうか。母国語で話す人の語彙数と、
外国語を勉強した人の語彙数にはとても大きな差があり、そういった人
同士が普通に会話をすると、お互いに意味が通じていない場合が多いの
です。

\ Point /

- 外国人には意味の分かりにくい
  日本語が多くあることを理解する
- 簡単な言葉でも、曖昧な言葉は使わない
- 母国語の会話と、勉強した外国語での
  会話の語彙数には圧倒的な差があることを知る

## ●中国人の日本語通訳に100％通じる会話の基本

　そこで私が中国駐在中に学んだ、中国人に言いたいことを100％伝え
る2つの基本をお伝えします。まず1つ目は、説明した通り「口語」や「難
易度が高い言葉」「擬態語／擬音語」「慣用句」「曖昧語」「略語」を使わな
いことです。つまり丁寧に分かりやすい言葉で話すということです。し
かし、それを常に気を付けて会話を続けるのはとても大変です。

　そこで私は、大人の日本語通訳であっても相手を小学生だと思って会

話をするように心掛けています。小学6年生は、1万〜1万5000語を使って会話をしているといわれています。つまり、日本語を勉強している外国人の日本語レベルは、小学6年生と同じレベルなのです。小学生になる自分の子供と、会話が通じなくて困っている親はいません。つまり私たち日本人も、使う言葉や言い回しに注意すれば、100%理解してもらえる会話ができるのです（**図5**）。

　この別の方法として、メールなどの文章を書くような言葉で話す、と考えても良いです。文章にすると、必然的に「口語」や「英語」「略語」がなくなり、丁寧で分かりやすい言葉になっています。

　2つ目は、現物や写真、資料、データを見ながら会話をすることです。視覚情報で共通認識すると、誤解をなくせます。似たようなこととして、文字を書きながら会話を進める方法もあります。ホワイトボードに書きながら、そしてそれを見ながら会話を進めれば、相手に伝えたい情報が確実に伝わっているかを、その場で確認しながら会話を進められます。幸い中国人は漢字を理解できるので、日本語のできない中国人でも、漢字を見ることで理解を深められることになります。ホワイトボードに書けばそれが議事録にもなり、とても便利です。その代わり、ホワイトボードに書いたことだけが、打ち合わせた全てであるという認識を持つことも必要です。口頭だけでの決め事はしてはいけないのです。

**図5　小学生になる子供と問題なく会話するお母さん**
小学生に理解できるような言葉で話すと中国人にも正確に意図が伝わりやすい。

- 子供と会話するように話す、文章を書くような言葉で話す
- 現物や写真、資料、データそして文字を多用する
- ホワイトボードに書いたことが決め事の全てと理解する

## 「反ってます」が通じない！

　ほとんどの中国人が知らない言葉として、形状的な意味の「反り」があります。私は中国駐在中に、大きさが30cmくらいの樹脂製の部品を作製しました。完成したばかりの金型で成形されたその部品が、私の元に届きました。よく見たところ、その部品はわずかですが全体的に反っていました。私はそれを修正したかったため、成形メーカーの日本語通訳兼営業の陸さん（仮名）に電話をしました。陸さんは若い頃、日本で10年近く働いていた経験のある50歳前後の男性です。

　電話で「反ってます」と伝えても、陸さんには通じません。言葉を変えてなんとか説明しようとしましたが、これ以上は会話を進めても仕方がないとお互いに判断し、陸さんに私の会社に来てもらうことにしました。現物を見てもらうと、陸さんは「反り」の意味をすぐ理解しました（図A）。「反り」は中国では「弯曲」と言います。中国では「反」の漢字に形状的な「反り」の意味は含まれていません。中国人は日本語を漢字から理解する場合が多いため、中国語と日本語で全く別の漢字を使用する形状的な「反り」は、覚えにくい漢字だったのです。

**図A　電話で「反り」の意味が通じなく困ってしまう**

# 言いたいこと100%
# 意思疎通できる話し方

5-2

　ものづくりのグローバル化が進み、日本メーカーのエンジニアの多くが海外メーカーのエンジニアと一緒に仕事をした経験があるはずです。その際、米国をはじめとした英語圏だけでなく、欧州など他の言語圏の国々でも共通言語として英語で会話していたのではないでしょうか。未熟な英語力を全力で発揮して、会議やメール、現地での立ち合いなどをなんとかこなしていた人は少なくないと思います。

　近年は、中国やその他のアジア圏の国々の人たちと一緒に仕事をする機会が増えています。英語を使う場合もあるでしょうが、私の知る限りでは日本のエンジニアは日本語を使い、通訳してもらっているケースが多いはずです。現地のメーカーが日本語のできる人を採用して、その日本語通訳が全力の日本語力で私たちエンジニアの対応をしてくれています。

　これら2つの場合を比較すると、米国や欧州の国々で英語を用いて仕事をする場合と、中国やその他のアジア圏の国々で日本語を用いて仕事をする場合とでは、会話の主導権を握る人が異なっていることが分かるでしょうか。中国で仕事をする場合には、会話の主導権を握っているのは母国語の日本語で話す日本人です。会話の出来不出来は仕事の成否につながります。つまり、その仕事の成否の多くは日本人にかかっており、それを日本人は認識する必要があるのです。

## ●会話で主導権を握る日本人の立場と責任

　会話の責任について、もう少し詳しく説明しましょう。以前、私が米国や欧州の人たちと仕事をしていたとき、共通言語は英語でした。彼ら

の中には、私たちの英語力のレベルを理解している人もおり、易しい言葉を使ってゆっくりと話をしてくれた人とは、お互いに内容を理解しながら仕事を進められました。

　しかし、相手が英語圏の人たち同士で会話するように話をしてきたときはどうだったでしょうか。難しい言葉を使用し、容赦のないスピードで流暢に話され、ある程度の英語力がある日本人でも80％くらいしか理解できないまま仕事は進んでいってしまいます。会議後に日本人同士で「あれってどういう意味だっけ？」「どんなこと言ってた？」とヒソヒソと確認し合う必要が生じてしまっていたのです（図6）。

　このケースでは、私たち日本人はなんともしがたいといえます。私たちは未熟ながらも全力の英語力を発揮して会話をしようとしており、会話の主導権は米国や欧州の国々の人たちに握られているからです。

　一方、中国やその他のアジア圏の国々で日本人が日本語を使って仕事をする場合はどうでしょうか。この場合は全く逆の立場になります。日本語通訳は全力の日本語力で対応してくれているので、本人の持っている日本語レベル以上の通訳は期待できません。よってお互いに内容を理

**図6　英語を理解できずに困る日本人**
英語圏の人たち同士の会話のようなスピードと言葉で話されれば、きちんと理解できる日本人は少ない。中国において日本語で話す際も注意する必要がある。

解しながら仕事を進めるには、主導権を握っている日本人が会話をコントロールする必要があるのです。

　エンジニア同士で情報を伝達する手段としては現物や写真、データ（数字）などもありますが、仕事全体でみると、ほとんどは「言葉」のやり取りで行われています。言葉とは会話だけでなく、メールや資料などに記載する文章も含みます。

　つまり中国で日本語を使って仕事をする場合、会話で主導権を握っているのは日本人側であり、その仕事の成否を左右する立場にあるのも日本人なのです。「確かに言ったハズなのにぃ」「ちゃんと分かっているのかなぁ」などと日本人が不満や疑念を持つのはとんでもない誤りであり、確実に中国人が理解できるように会話をコントロールする責任は日本人にあるのです。

　ここで、1つ悪い例を紹介しましょう。中国に出張している日本のエンジニアの会話です（**図7**）。「この部品、ビス留めするときに、ちゃんと左下のコーナーを、こっちの部品の角に合わせてやってます？この部品の左下の先っぽに、赤ペンでマーク付けといたので、分かると思うんですけど、もし上下逆にしちゃうと、この部品の上端が、その上の部品のブラケットの立ち壁にぶつかって、壁が無理に反っちゃうんです。だから角合わせる

この部品、ビス留めするときに、ちゃんと左卜のコーナーを、こっちの部品の角に合わせてやってます？
この部品の左下の先っぽに、赤ペンでマーク付けといたので、分かると思うんですけど、もし上下逆にしちゃうと、この部品の上端が、その上の部品のブラケットの立ち壁にぶつかって、壁が無理に反っちゃうんです。だから角合わせるのはマストです。
赤ペンのマーク、金型変更がディレーしたので暫定で付けましたんで、苦肉の策なんですけど、なんとかお願いします。

**図7　日本語通訳に通じない悪例**
中国の日本語通訳が理解できない表現（単語）を使い、1文が長い。また、誘導的な質問の仕方も意思疎通を阻害する。

のはマストです。赤ペンのマーク、金型変更がディレーしたので暫定で付けましたんで、苦肉の策なんですけど、なんとかお願いします」

　このように話しても、ほとんどの日本語通訳の中国人は正しく理解できません。結果、仕事が円滑に進まなくなってしまうのです。では、どのように表現すれば良いのでしょうか。見直すポイント、つまり会話をコントロールする方法について次で紹介します。

\Point/

・中国で日本語の会話をコントロールする責任は
　日本人にあり、仕事の成否はそれにかかっている

## ●子供と会話するように話す

　中国の企業にいる一般的な日本語通訳の中国人は、私の経験上で大ざっぱに表現すると、主に次のような経験を持った人たちです。まず、中国の大学の日本語学科で4年間、日本語を勉強した人。日本に約2年間の留学経験がある人もいます。そして、中国の日系企業やローカル企業の日本語通訳として約5年間以上勤務した人です。日本語通訳といっても、所属している会社の主には営業を兼ねた社員で、プロの訓練を受けた通訳ではありません。

　このような日本語通訳と会話をするとき、前述した「子供と会話するように話す」と「現物、写真、資料を見ながら話す」が基本となります。日本語の語彙数は約15万語ですが、日本語を母国語とする人同士が普通に会話する際に使用する語彙数は約5万語あるといわれています。

　一方、一般的な日本語通訳が使える日本語の語彙数は約1万語です。つまり日本人同士で会話するように日本語通訳に話してしまうと、約4万語が漏れてしまいます。ただし、エンジニアは現物や写真、データ（数

字）などを見ながら会話する場合が多いので、私の経験では理解されない会話の内容は全体の20%くらいという感覚です。

　前述の通り、中国人の苦手な言葉は少なくありません。しかし、その言葉がOKかNGかといちいち気を付けて話をしていたら会話は進まなくなってしまいます。そこで私は、「子供と会話するように話す」ことを常に心掛けているのです。なぜなら、一般的に日本の小学6年生の使用する語彙数は1万〜1万5000語といわれており、妥当な値だからです（図8）。

　これを心掛けていたおかげで、私は中国駐在中に「小田さんの言っていることは分かりやすい」と日本語通訳や日本語のできる仕事仲間から良い評価を得ていました。しかし、日本に一時帰国して中国に戻るとこの心掛けを忘れて、中国人に対して普通の口調で話してしまい、会話が思うように進まないことがありました。このちょっとした心掛けの必要性を改めて感じたものです。

　「子供と会話するように話す」と書きましたが、「文章を書くような言葉で話す」と考えても構いません。文章にすると口語調がなくなるからです。中国の大学での日本語の勉強では基本的に口語調の言葉を習わ

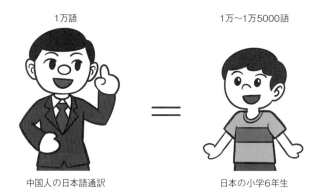

1万語　　　　　　　　　　1万〜1万5000語

中国人の日本語通訳　　　　　　日本の小学6年生

**図8　一般的な日本語通訳の語彙数**
日本語通訳は1万語を使用できる。日本の小学6年生は1万〜1万5000語を使用しており、ほぼ同等だ。子供に話す感覚で話すと伝わりやすい。

ないので、中国人の日本語通訳は口語調が苦手なのです。

　中国経験の少ない人は、出張時に日本語通訳の日本語レベルが高いと感じた人が比較的多いようですが、油断は禁物です。前述した「子供と会話するように話す」と「文章を書くような言葉で話す」「現物や写真、資料、データそして文字を多用する」をまず基本としてください。そして、さらに次の2つのテクニックがあるので紹介します。

　　[1] 1つの文章は1つの内容にする
　　[2] 誘導的な質問の仕方をしない

## ●1つの文章は1つの内容にする

　私が中国駐在中に驚いた、会議にまつわるエピソードを紹介します。成形メーカーを訪問し、ある部品の金型について打ち合わせしたときのことです。日本語通訳をしてくれた馬さん（仮名）の日本語は一般的な日本語通訳のレベルです。

　3時間に及んだ金型打ち合わせは、意思疎通に何の問題もなく終えられました。打ち合わせ終了後、帰社するために乗り込んだ車中で私は1つ伝え忘れた内容があったと気付いたのです。一刻も早く馬さんに伝えておこうと思い、すぐに電話をかけました。

　「馬さん、先ほどの部品で、丸い3つの穴の一番左の穴の下にあるリブの長さを、20mmから25mmに変更してください」と伝えたところ、「小田さん、言っていることが全然分かりません。後からメールで図面を送ってください」と言われたのです。私はつい先ほどまで完璧に通訳をしてくれた馬さんが、電話の内容を全く理解できないと言ってきたのにはとても驚きました。

　しかし後から考えると、「〜の〜の」と繰り返される長い文章は、日本語通訳には理解しにくいのだと気付きました。これは、日本人同士の会話でもたまにあることです。では、どうすれば良いか。ポイントは、「一

文章は一内容にする」ことを心掛けることです。そうすれば相手に内容が伝わりやすくなります。

　また、このときは車中だったため、部品を一緒に見ることはできません。さらに携帯電話の音声は聞こえにくく、周りの雑音もありました。これらの事情も、私の言ったことを理解してもらえなかった一因だったのでしょう。

　よって、電話だけで仕事を進めるのは厳禁です。私が仕事で中国人に電話するのは、「荷物は届きましたか？」や「メールを送ったので見てください」といったとても簡単な内容だけです。ただし、お互いに送ったメールを見ながら、その内容の理解を深めるための電話はよくあります。これは、送ったメールを忘れずに見てもらう役目も果たします。

　例えば、日本語通訳に「次の駅に新宿行きの電車が来ますので、それに乗り換えてください」と言ったとします。日本人であれば簡単に理解できる内容ですが、すぐには理解できない日本語通訳もいます。実は、この1つの文章には3つの内容が含まれています。そこで、この文章を内容ごとに分割してみましょう。次のようになることが分かります (図9)。

次の駅に新宿行きの
電車が来ますので、
それに乗り換えてください。

次の駅で降りてください。
新宿行きの電車が来ます。
それに乗ってください。

**図9　複数の内容をつなげた長い文章は理解しにくい**
内容ごとに文章を分ければ理解しやすくなり、どこの言葉を理解できなかったかも明確になる。

「次の駅で降りてください」
「新宿行きの電車が来ます」
「それに乗ってください」

　このように文章を分割して話をすれば、とても理解しやすくなります。話す側としても、相手がどの内容まで理解しているのか、またどの言葉でつまずいたのかを把握しながら会話を進められるのです。

　また、「明日、荷物が届くので、取りに来てください」という言い方も理解しにくい文章です。「明日」という言葉が、それ以降の「荷物が届く」と「取りに来て」のどちらにかかるのかが分かりにくいからです。よって話しをするときの文章はなるべく「一文章は一内容にする」ことを心掛けると、日本語通訳にも伝わりやすくなります。

### ●誘導的な質問の仕方をしない

　例えば、「上下（うえした）の順で、この2本のビスを留めていますか？」と日本語通訳に質問したとします。このような言い回しで質問すると、日本語通訳の回答は（実際の順番はどうであっても）だいたい「はい」となります。理由は、分からない単語は無視して返事してしまうからです。

　つまり日本語通訳が「上下の順」の言葉が速くて聞き取れなかったとしたら、理解できた言葉である「この2本のビスを留めていますか？」だけでとりあえず回答してしまいます。よってその回答は「はい」となるのです。私たちが英語圏の人たちと英語で会話をする際、「Oh, yes yes, OK」をよく使うのと同じです（図10）。この「誘導的な質問」による回答の理屈を理解していないと、後から日本語通訳に対して「確かに『はい』と言ったよね」と愚痴をこぼすことになるのです。

　この質問では「ビス留めの順番」を知りたいわけですが、質問する側が自ら推測した「上下の順」という言葉を質問に含めてしまった点に問題があります。答えを「上下の順」に誘導していることになるからです。

これでは正確な回答を得られません。

　「はい」と「いいえ」だけで回答できる質問の仕方で会話を進めると、相手がこちらの言った意味をよく理解していないで回答してしまい、トラブルに発展しかねません。これを避けるため、私は質問の文章に回答になりうる言葉を含まないように話をしています。今回のケースでは、「この2本のビスを留める順番を教えてください」と質問するのです。こう質問すれば、日本語通訳は私の質問の意味を理解しないと回答できません。つまり、日本語通訳が私の質問の意味を理解しているかの確認も同時に行えるのです。もし相手が質問の意味を理解できていないなと感じたら、回答例を示して理解を促す方法もあります。例えば、「『上、下の順』それとも『下、上の順』ですか？」と付け加えるのです。

　他によくある例として、自分で話した後に「分かりますか？」と確認をする日本人が多くいます。たいていの日本語通訳の回答は「分かります」になり、それで日本人は安心してしまいます。もし日本語通訳の理解に不安があれば「確認したいので、私の言ったことを説明してください」と言えば良いです。日本語通訳の中国人も、理解に不安を感じながら仕事をしているのです。

**図10　英会話で突然会話が途切れてしまう日本人**
英語をきちんと理解できないまま「Yes yes!Ha-ha」と答えていると、突然相手からの質問に変わり、会話が途切れてしまった経験がある日本人は少なくない。中国人の日本語通訳に話す際も、「はい」「いいえ」で答えられる誘導的な質問の仕方は、理解できていない状態を許すことになる。

実は、私は日本人同士の会話でもこのような質問の仕方をしています。それは相手が私の質問の意味を確実に理解してくれているかを確認する意味もあり、また相手の真意を聞き出すためでもあります。

## ●分かりやすい文章に言い換える

　ここまで日本語通訳にきちんと理解してもらうための2つのテクニックを説明してきました。さて、先に紹介した悪例を2つの基本と2つのテクニックで言い換えるとどうなるでしょうか。回答はいろいろありますが、例えば次のような文章になります。

【回答例】
「この部品のビスを留めるときに、この部品のどこの角を、この部品のこの角に合わせていますか？　この部品の左の下の角に、赤色のペンで印を付けました。もし上と下を反対にして取り付けると不良品になります。この部品の上のこの部分がその上のブラケットのこの壁にぶつかり、壁が変形します。だから、この部品の赤色の部分とこの部品の角を合わせてからビスを留めます。今後、金型変更して部品に刻印を作ります。よって、次回の生産分からこの赤色の印はなくなります。よろしくお願いします。」

　悪い例の中に含まれていた「ちゃんと」「上下逆」「立ち壁」「反っちゃいます」「角合わせ」「マストです」「苦肉の策」といった表現はいずれも理解してもらえない確率が高いので、言い換えています。また、悪い例は4つの文章でしたが、回答例では8つの文章に分かれています。そして、「こっちの部品の角に合わせてやってます？」と誘導的な質問にならないようにしました。

　ちなみに、「この角」や「この部分」と言うときは、現物でそこを指し示しながら会話を進めます。また、「変形します」と言う際には実際に部品を指で押して変形した状態を見せるのも効果的です。こうした会話を心掛ければ、中国のメーカーと誤解のない意思疎通ができるはずです。

## ●下手な中国語は使わない

　私がある日本人のエンジニアと中国の部品メーカーを訪問したときのことです。このエンジニアは出張での中国経験は多いにもかかわらず、ややトラブルを起こしやすい人でした。

　一緒に製造ラインに行き、ある治具にガタつきがあるのを発見しました。そこで、その治具に使っているビスを1本から2本に増やしてもらおうということになりました。たまたま日本語通訳がその場にはいなかったので、そのエンジニアは自分のできる限りの中国語力を発揮して、「1個（イーガ）NG、だから2個（リャンガ）、チェンジ、OK？」（1本ではNGだから2本にチェンジ、OK？）と一生懸命言っていたのです。中国人作業者は苦笑いしながら「OK、OK」と言ってうなずいていました。

　中国語には四声という4つの音程（抑揚）「―」「／」「∨」「＼」があります。一漢字が一発音を持ち、さらにその一発音の音程が上がったり下がったりするのです。その四声で正しく発音しないと、簡単な言葉でも通じないことがとても多くあります。ちなみに、1個の「1」は「イー（―）」、2個の「2」は「リァン（∨）」となります。ちなみに日本語のほとんどの音程は「―」となります。

　私は、上海の浦東地区にある「96広場」という場所によく食事に行っていました。タクシーに乗り「96広場」と運転手に伝えるのですが、四声を覚えていないのでなかなか通じません。当てずっぽうに発音していると、まれに分かってもらえる場合もありますが、何度発音しても全く通じないときもあります。そのときは紙に行き先を漢字で書いて渡していました。ちなみに「96広場」の正しい発音は「ジュー（∨）リゥ（＼）グアン（∨）チャン（∨）」となります。

　ここでお伝えしたいのは、少し中国語ができるようになっても仕事では使わない方が良いということです。仮に使ったとしても、後から日本語通訳を通して伝え直してください。そして、その内容を文書で残して

ください。「～と言ったハズ」とならないように注意するのです。

　では、ここまでお伝えしてきたことに注意して、次の会話文を中国人に分かりやすいように言い換えてみましょう。

【問題】

[1] この前送ってもらったやつ、あれ数あってます?

[2] 105個の発送のハズですよね?

[3] オマケに5個は歪んでいて、別の部品に嵌合させたら、隙間が狭くなっているので。

[4] キュウキュウいうんです。

[5] 追加で明日の朝一で不足分送ってくれません?

[6] あさって在庫が底を突くので、日程はキープでなんとか頑張ってください。


【回答】

[1] 3月4日に送ってもらった試作品の数が間違っています。

[2] 何個、送りましたか?

[3] 5個の部品が変形していました。別の部品と組み合わせたら、隙間が狭くなっています。

[4] 部品が当たって音がします。

[5] 追加で明日の朝の10時発のトラックで5個送ってください。

[6] あさって在庫がなくなります。日程は変更しないでください。

\Point/

- **子供と会話するように話す、文章を書くような言葉で話す**
- **一文章は一内容にする**
- **誘導的な質問はしない**
- **下手な中国語は仕事で使わず、必ず日本語通訳を通す**

## 「熟吗?」
## 簡単そうだが分からない

　中国に駐在して3年が過ぎようとしていた頃の話です。自宅と会社の間を送迎してくれる8人乗りの社有車がありました。帰宅時は最後に降りることが多く、あるとき1人になった私になじみの運転手が聞いてきました。

「小田、你上海熟吗?」

　「熟」は「詳しい」という意味で発音は「シゥ（／）」となります。非常に単純な発音なのですが、そのときの私はこの意味が分かりませんでした。何回聞き直しても「シゥ」は同じです。私の知る限りの漢字を当てはめてみたのですが、言っている意味は理解できません。

　「你（ニー）」は「あなた」、「吗（マ）」は疑問形を表します。よって「小田さん、あなたは上海に詳しくなりましたか?」という意味になります。会話の流れからなんとか意味は推察できたのですが、この後「熟」の発音と意味を辞書で調べて中国語の難しさを実感したのを覚えています。

　正式な発音記号で書くと「熟」は「shu（／）」となります。とても似た発音に「xiu」というものもあり、これらの2つは日本人には同じ発音に聞こえます。それぞれに四声があり、それぞれに対応する漢字が複数あります。ちなみに「shu」は四声の発音を合わせて126個、「xiu」は56個の漢字があります。中国人でももちろん全てを知っているわけではなく、話の流れから意味を判断しているのです。

　中国語には日本語にはない発音とそれぞれに四声があります。こうした理由もあり、中途半端に中国語ができても、それを仕事で使うのには無理があるのです。

第6章

# 100%伝える
# 会議とメール

## 6-1 打ち合わせの進め方 6つのポイント

　中国に出張して部品メーカーを1日かけて訪問したのに「あまり仕事が進まなかった」と感じた経験がある人は多いと思います。私もその1人です。その理由は、とにかく待ち時間が長いことです。

　例えば、私の駐在中にこんな経験がありました。会議室に入り一番気がかりだったことを開口一番に日本語通訳に伝えたところ、日本語通訳はすぐ誰かに電話をかけます。その後「確認して来るので、ちょっと待ってください」と言って会議室を出て行き、そして30〜40分は帰ってきません**(図1)**。しばらく1人で待ち、やっと帰ってきたと思ったら「それ、まだできてない、確認は午後」と言うのです。

　では、と別の依頼をすると、またいなくなってしまいます。この繰り返しです。結局、1日が過ぎてもたったの2つの依頼事項しか進捗しません。このようなパターンを何度も経験しました。

**図1　日本語通訳は出て行き1人取り残される日本人**
計画的に仕事しないと、日本語通訳はすぐ会議室を出て行き日本人は1人取り残される。

せっかく時間をかけて中国のメーカーを訪問するのですから、日程の確認や問題点の指摘、変更の依頼、コストの相談などさまざまな打ち合わせを効率良くこなしたいと考えるのが普通でしょう。そこで、中国のメーカーを訪問して打ち合わせするときに私が注意してきたポイントを6つ、お伝えしたいと思います。

　　[1] 今日実施したい課題を列挙して計画を立てる
　　[2] 打ち合わせにはその課題のリーダーや担当者も呼ぶ
　　[3] 必ず日本語通訳を通して会話する
　　[4] ホワイトボードに書きながら話す
　　[5] 現物、写真、イラスト、データ(数字)を多用する
　　[6] 「お任せします」は厳禁

1つずつ説明していきましょう。

## ●今日実施したい課題を列挙して計画を立てる

　中国人は行動がとても早く、日本人特有の「検討させていただきます」や「社に持ち帰ってから」などという返事はありません。「今」「目の前」にある課題を即処理しようとする傾向があります。中国での仕事ではさまざまなトラブルが頻繁に発生しますが、そのようなときの中国人の解決に向けての行動の早さにはとても感心することがあります。一方で、部品作製の検討段階では、これが悪影響を及ぼす場合もあります。

　中国のメーカーを訪問する際には、たいてい幾つかの課題を携えています。訪問したときの最初の打ち合わせにおいて、それらの課題の中で最も気になるものをちょっとでも口に出してしまうと、日本語通訳はその課題を解決するためにすぐ行動を起こすのです。その行動の早さを頼もしく思えるときもありますが、計画性なしで仕事を進めているともいえます。多くの課題を俯瞰して全体を把握し、計画的、効率的に解決していくのではなく、目下の課題をとりあえず処理してしまおうという

感じなのです。

　私はこのような事態を避けるため、メーカーを訪問した際のその日の最初の打ち合わせでは、今日1日で実施したい課題を必ずホワイトボードに書くことにしていました（**図2**）。A、B、C、D、Eの5つの課題があったとしたら、まずそれらを列挙してAとCは「品質」に関する内容、BとDは「ラインの作業方法」に関する内容、Eは「部品コスト」に関する内容といったように、それらの課題をカテゴリー分けします。そして、各カテゴリーのリーダーや実務担当者の今日の予定を電話で確認してもらい、AとCは10時から、BとDは14時から、Eは16時から打ち合わせしましょうと、1日の計画を立てるのです。

　これは日本でも基本的な仕事の進め方ですが、とにかく行動の早い中国人と一緒に仕事をしているとどうしても中国人のペースになってしまい、日本人の控えめな態度も災いして、結果的になかなか思うように仕事が進まないことがしばしば起こります。中国人に流されず、自分のペースを保つ工夫が必要です。

### ●打ち合わせにはその課題のリーダーや担当者も呼ぶ

　日本人は日本語の通じる日本語通訳だけに全ての情報を伝えて、それ

**図2　最初の打ち合わせ時に必ずやること**
今日1日で実施したい課題をホワイトボードに書き、担当者に連絡して打ち合わせ時間を決める。

で安心してしまう傾向があります。しかし、日本語通訳から実務担当者に情報が確実に伝わっておらず、後から「ちゃんと言ったハズだよね」と愚痴る場合が多くあります。中国人は仕事の仲間同士での連携が希薄な面があり、日本語通訳に情報を確実に伝えても、実務担当者まで全ての情報が伝わっていないことがよくあります。

　日本語通訳の技術的な知識や日本語の理解力、仕事の仕方などにも原因があるのかもしれませんが、経験上、「実務担当者に正しく伝わってない」という状況がしばしば起こるのは事実です。詳細な対処方法は後述しますが、まずは、日本語通訳だけではなく、その課題を担当するリーダーや実務担当者も呼んで一緒に打ち合わせをするのが対応策の第一歩になります。

### ●必ず日本語通訳を通して会話をする

　中国へ頻繁に出張するようになったり中国に数年駐在していたりすると、ある程度は中国語ができるようになります。そして簡単な中国語なら仕事で使ってしまおうという気になります。もちろん例外はありますが、私の経験ではほとんどの日本人の中国語は仕事で使えるレベルにはありません。

　中国語には四声（音程）があり、また日本語にはない発音もたくさんあります。私は4年半、中国に駐在しましたが、タクシーに乗り行き先の地名や建物名の漢字とその発音を知っていたにも関わらず、運転手に行き先を口頭で伝えても通じなかった経験が幾度もあります。よって日本人が仕事で中国語を使うことは厳禁と考えています。

　日本語通訳がたまたま不在であった場合、日本語の分からない中国人に現物や写真などを用いて四苦八苦しながら言いたいことを伝えたとしても、その中国人は理解した素振りを見せながらも2〜3割しか理解していない場合がほとんどです。後から「〜と言ったハズ」となってしまうのは確実です。このような場合は、後から日本語通訳を介して情報を

伝え直すことが必要です（図3）。

## ●ホワイトボードに書きながら話す

　打ち合わせでは、ホワイトボードに書きながら会話をすることは大切です。これには「漏れなく情報を伝えることができる」「そのまま議事録になる」「日本語の分からない中国人にも6割方は伝わる」というメリットがあります。

　文章が長く、その中に伝えたい内容が複数含まれるような話し方をしてしまうと、日本語通訳の理解に漏れが生じる可能性が高くなります。日本人同士でも同じようなことがあると思います。しかしホワイトボードに書けば、たいていは箇条書きになります。そうすると1つの文章が1つの内容となり、情報を漏れなく伝えられるようになるのです。

　また、課題などを列挙したホワイトボードの写真を撮ればそのまま議事録としても使えます。ここで、ホワイトボードに書いた次のアクションや課題だけが打ち合わせの結果である、ということを忘れてはなりません。「あの内容は書くほどでもなかったので、口頭で言っただけ」とならないようにしましょう。そうすれば、日本語通訳以外の日本語が分か

**図3　日本語が通じない中国人へ情報を伝える注意点**
会議室に技術リーダーや実務担当者を呼び、必ず日本語通訳を通して会話をする。

らない中国人でも漢字は理解できるため、より理解を深められます。

　中国でビジネスをしている私の友人が、日本語のできる何人かの中国人になかなか言いたいことが伝わらなくて困っていました。打ち合わせをどのようにしているかを聞いたところ、資料を配布して友人が日本語で説明し、資料にないコメントは各自が赤ペンで資料に記入していたということです。日本では非常によくある光景です。

　しかし、このような方法ではダメです。友人の口頭でのコメントが中国人にどのように理解されていたか分かりません。間違って理解されていた可能性もあります。打ち合わせで発生した決め事や課題は、別途ホワイトボードに書いて、その写真を撮って共有します。もしくは資料をプロジェクターで投影し、その場でパソコンを使ってコメントを追加し、その資料を共有しても良いと思います。大切なのは、打ち合わせで決まった内容は文字として書き、お互いに理解していることを確認してから、共有することです。

## ●現物、写真、イラスト、データ（数字）を多用する

　多くの中国人は日本語の漢字から意味を理解できます。ほとんどの漢字は日本と中国では同じ意味を持っているので、ホワイトボードに漢字を多用して書けば日本語を理解できない中国人でも、大まかな意味は理解できます。ただし、全ての漢字が通じるわけではありません。例えば「反り」の「反」という漢字は、中国では「反対」の「反」の意味しか持たず、形状的な意味は持ちません。とても簡単な言葉と思われる「反り」の意味を、ほとんどの中国人は知らないのです。こうした点には注意が必要です。

　また、現物や写真、イラスト、データ（数字）を用いると、もちろん理解は深まります。しかし、製造現場の装置や作業方法の問題点など話し合う際、現物を会議室には持ってこれません。このようなときには写真を多く撮っておくと良いでしょう。写真は意思疎通に関して非常に効果

的です。また生産の開始後に問題が発生したときにも、生産開始前の状態と比較できるので不良品などの問題を解決する際に有効です。写真は、後々のコミュニケーションに大いに活用できます。メーカーを訪問してちょっとでも気になることがあったら、とにかく写真を撮っておくことをお勧めします（図4）。

## ●「お任せします」は厳禁

　私たち日本人は「お任せします」をよく使います。「そこらへんに関しましては御社にお任せしますので、よろしくお願いします」と打ち合わせで言ったり、言われたりした経験がある人は多いでしょう。この発言は、「こちらの期待する結果さえ得られれば、その過程でのやり方は問いません」という意味ですが、このように言う日本人の意図には次の2つがあると考えます。

　1つは、「相手の会社には、その会社独自の仕事の仕方や持っている技術、設備などの都合があるだろうから、やり方までは指定しません」というものです。日本人の謙虚さが現れたものです。もう1つは、「自分の会社にはこの依頼内容に関しての知識がないので全てお任せします」という丸投げ感が現れたものです。いずれの場合も、「一任とはいっても、想定外のとんでもないことはやらないだろう」という安心感が日本人に

**図4　意思疎通を高めるために役立つ現場の写真撮影**
製造現場では写真を多く撮っておくと、後から中国人と意思疎通が図りやすく役に立つことが多い。

はあり、最終的にはそれを裏切らない満足のいく結果を得られます。

　しかし、中国人相手ではなかなかそうはいきません。想定していなかった方法を採用し、とんでもない結果となってしまったり、後々のトラブルの原因になったりすることもあります。「そうは言っても、普通そうはしないでしょう」と愚痴るのがこれです。よって、それを回避するためには「お任せします」、つまり「一任」はしないことです。

　選択肢を幾つか聞いて、その中から選択するのが良いでしょう。選択肢が無い場合には、後日に選択肢を提案してもらうか、選択肢を一緒に考え、こちらがそれらの中から選択してください。あくまでも主導権はこちらにある状態にしておくことが大切です。

　私が支援する日本の企業から、「やり方などを指示してしまうと、後からこちらの責任にならないか？」と質問されることがあります。しかし、やり方を任せてとんでもない結果になってしまうリスクの方が高いです。どちらが責任を取るかよりも、良いものを造る、良い結果を出すにはどうするか優先して考えるべきです。トラブルや不良品が発生すると、結果的に被害を多く被るのは発注者側である日本の企業なのです。

\Point/

- 打ち合わせの最初に、
  実施したい課題を列挙して計画を立てる
- 打ち合わせにはその課題のリーダーや担当者も呼ぶ
- 必ず日本語通訳を通して会話し、情報を伝える
- ホワイトボードに書きながら話し、
  書いた内容が打ち合わせの全てと理解する
- 写真を多く撮り、現物、写真、イラスト、データを
  用いて会話する
- 「お任せします」は厳禁であり、仕事内容の主導権は
  自分が握る

# 6-2 メールの書き方 7つのポイント

　前述した中国人との打ち合わせの進め方は、メールの書き方にも通じます。次に7つのポイントを列挙します。

[1] 子供に書くような文章で書く

[2] 伝えたい内容が複数の場合は箇条書きにする

[3] カタカナは極力使用しない

[4] 過度な丁寧語は使わない

[5] 副詞を減らす

[6] リーダーや実務担当者をCCに入れる

[7] 対応が悪いときは上司をCCに入れる

## ●子どもに書くような文章で書く

　そもそもメールで依頼内容などを文章にすれば、口語調が減って分かりやすい文章になります。しかし、日本独特の遠回りな言い回しである「ご検討いただけると、ありがたく思います」や「つきましては、近日中

| 質問 | | 回答 |
|---|---|---|
| 量産確認 | 量産工程では何を確認しますか？ | |
| | 上記の記載する番号は、どこから持ってきますか？ | |
| | いつ確認しますか？ | |
| | 既に実施していますか？ | |
| | SOPには記載されていますか？ | |
| | 安全重要部品のリストを送ってください | |

**図5　メールに添付する質問表の例**　　■この色の箇所に記入してください。
複数の質問に対して確実に回答を得るため、表に質問を記入し、回答してほしいセルに色を付ける。

に送付をお願いしたく」などの曖昧な表現は避けましょう。前者は例えば「この対策をあなたの会社でできるかできないかを、3月31日までに回答してください」、後者は「3月24日までにメールに添付して送ってください」と書くようにしてください。

## ●伝えたい内容が複数の場合は箇条書きにする

　メールの場合、私は表計算ソフトで作成したファイルをよく添付しています。メールに3つぐらいの依頼事項や質問を書いたとしても、返事として返ってくるものはその中の1つか2つという場合がよくあるからです。私は表を添付し「○色の箇所に回答を記入してください」という具合にして、複数の依頼や質問をするようにしています（**図5**）。

　また、お互いの仕事のルールなどをメールで意見交換しながら決めるような、1往復のメールではなかなか終わらないやり取りもあります。その場合には**図6**のような表を作成し、回答してほしい部分のセルだけを目立つように色を付け、そこに回答を記入してもらいます。このようにすると過去の履歴を確認しながらやり取りを確実に進められるのです。

## ●カタカナは極力使用しない

　中国人はカタカナが苦手です。私はその理由を知らなかったのですが、中国人の友人の何人かにインタビューして理解できました。中国人が日

| | 質問1 | 回答1 | 質問2 | 回答2 | 質問3 | 回答3 |
|---|---|---|---|---|---|---|
| 1 | アームの長さは幾つですか? | 100mm以下です | Minは幾つですか? | | | |
| 2 | 穴の位置はどこですか? | 最も下にしたいです | 下端面からの距離は? | 最小寸法としてください | 完了 | |
| | | | 右端面からの距離は? | 5mmです | 完了 | |
| 3 | 耐熱温度は何℃ですか? | ランプは最高何℃になりますか? | 120℃です | 150℃以上にしてください | 135℃ではNGですか? | |

**図6　長いやり取りが続く場合の質問表**　　■この色の箇所に記入してください。
「質問」と「回答」を横に並べ履歴を残し、回答してほしいセルだけに色を付ける。

本語を勉強するときに、例えば「机」はもちろん「机（つくえ）」と勉強し、「テーブル」とは勉強しません。日本語でカタカナはたいてい外来語に用いるので、日本語の教科書にはあまり出てきません。それもあって、日本語を勉強する人にとってカタカナで書かれた言葉はなじみが薄いのです。決して知らないわけではなく、苦手ということです。

エンジニアとしては「トルク」「アルミ」などのカタカナの言葉は使わざるを得ません。しかし「オモテ」「パーツ」「スケジュール」など、カタカナでなくても表現できる言葉は極力カタカナを使用しないようにしましょう。ちなみにこれらの3つは「表」「部品」「日程」と書けばよいのです。

### ●過度な丁寧語は使わない

過度な丁寧語は、中国人にとってあまり意味をなしません。中国語にも敬語はありますがとても少ないのです。メールの内容は分かりやすくシンプルが良いので、「〜していただければ幸いです」や「誠にありがたく思います」などの過度な丁寧語は必要ありません。

私が中国で地下鉄で移動していたとき、小学生くらいの男の子を連れた母親が乗ってきました。満席状態でしたが、この母子が乗ったとほぼ同時に1つの席が開いたのです。その瞬間、男の子が母親に大声で放った言葉は「座（ズオ）！」の一言でした。とても分かりやすい言葉ではありますが、何か他の言い回しはできないのかな、とも思いました。

### ●副詞を減らす

副詞を減らすとは、つまり曖昧な表現をなくすということです。「ゆっくり移動する」や「しばらくお待ちください」「かなり高いです」などのことです。感想として書いても問題はありませんが、依頼や指示の言葉として使っても、受け取った中国人はどうしたら良いかよく分かりません。日本人と中国人の間に「あうんの呼吸」はないため「よしなに」的なことは期待できないのです。

## ●リーダーや実務担当者をCCに入れる

リーダーや実務担当者のメールアドレスをCCに入れる意味は、打ち合わせでリーダーや実務担当者を呼ぶことと同じです。中国人は情報伝達において連携が希薄なので、それを補う意味があります。しかし日本語通訳の中にはプライドが高く、「全て私だけに伝えてください」という人もいます。そのような場合は、打ち合わせに呼ぶ人とメールのCCに入れる人を、日本語通訳に事前確認しておく配慮も大切です。

## ●対応が悪いときは上司をCCに入れる

これは日本でも同じでしょう。日本語通訳の対応が悪いときは、その人の上司をCCに入れると効果的な場合があります。自分の昇進、給料の決定権のある上司の言うことはよく聞きます。しかし多用は禁物です。効果が薄れるのです。また、何も問題が起こっていないのに無闇に上司をCCに入れることもお勧めできません。日本語通訳の仕事が上手くいっていないと上司に思わせてしまうことになり、日本語通訳も良い気持ちがしないので注意しましょう。

\Point/

- ・子供に書くような文章で書き、日本独特の遠回りな言い回しは書かない
- ・伝えたい内容が複数の場合は箇条書きにし、表を活用する
- ・漢字のあるカタカナは使用しない
- ・過度に丁寧な表現はしない
- ・副詞を減らす
- ・リーダーや担当者をCCに入れるが、事前に断っておく
- ・対応が悪いときは上司をCCに入れるが、問題発生時だけにする

# 第7章

# 不良品はここで
# こうして造られる

# 7-1 不良の原因が潜む 2つの「モノ」

　不良品を造ってしまう原因になるモノは必ずあります。そして、その原因になるモノができてしまう理由も必ずあります。さらに、その原因になるモノを造ってしまう人や管理しなければならない人もいます。ここではそれらをお伝えし、不良品を減らすには何を念頭に入れておくべきかをお伝えします。

## ●不良が多発、改善も進まない事態が発生

　私が中国に駐在していたときのエピソードです。日本の設計者が設計したある部品で、生産直前の試作の段階で不良が繰り返し発生し、なかなか改善が進まないという事態に遭遇しました。生産開始まであと1カ月ほどの、最後の詰めの段階です。日本の設計者1人で改善を進めるのは難しかったため、私がサポートに入ったのです。

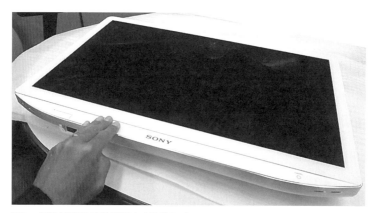

**図1　ベゼルが外周に取り付けられた液晶モニター**
アルミ押し出し材を曲げ加工して組み立てる。量産試作の段階で不良が多く発生した。

対象の部品は、液晶モニターの外周を額縁のように覆っている「ベゼル」と呼ばれるものです（**図1**）。アルミニウムを押出成形し、複数の2次加工と組み立てを経て完成させます。一般的にベゼルは四角形なのですが、今回のモデルは六角形でやや複雑な形状です。これも不良の改善がなかなか進まなかった原因の1つといえました。

　不良の内容は非常に多岐に渡っていました。例えば、曲げ角度が一定でない、押し出し材端面の結合部の段差が目立つ、面取り加工量が不均一、埋め込みナットの脱落といった具合です。この部品の製造を依頼していたアルミ押し出し材の加工メーカーは、日本だけでなくさまざまな海外メーカーからの発注を多く受けている実績があるメーカーでした。

　私はこの加工メーカーを訪問し、まず工程の確認から始めました。材料の受け入れから出荷までの全工程をQC工程図に沿って確認したのです。この部品は、購入品であるアルミの押し出し材に複数の曲げ加工や表面処理を行った後、組み立てを行う工程で完成させられており、全部で39工程もありました。私がこれまで担当した部品の中では最も多い工程数でした。

## ●2次加工の工程を確認しない日本のエンジニア

　不良は、設計者が図面やデータで指示した形状通りに部品ができていないことです。では、部品の形状はQC工程図の中のどの工程で決まってくるのでしょうか。多くの部品は、まず金型を使って成形されます。

**図2　部品ができる全工程**
この中で形状が決まる工程は金型成形と2次加工、梱包の3つ。

そして金型から出てきた部品は2次加工されます。2次加工の次は検査です。検査は2次加工の工程の途中に数カ所入っている場合もあります。そして最後の工程が梱包になります。これらの中で、部品の形状を決める工程は、「金型成形」と「2次加工」「梱包」です（図2）。生産最初のロットは、暫定の梱包材が使われることが多くあります。部品の変形の原因が暫定の梱包材であった場合、その変形を再現させることが難しいため原因究明が困難となり、製造工程から見直しをしなければならないこともあります。よって生産前の梱包形態の確認はとても重要であるため、ここで「梱包」も含めておきました。

　金型の作製に当たっては、設計者はかなり慎重に金型を確認します。ファースト（1st）トライ（試作）、セカンド（2nd）トライ、ファイナル（Final）トライと、金型の出来具合を確認するために部品メーカーの製造現場を訪問して、部品を成形しては形状を確認し、金型の修正や成形条件の微調整を行うというプロセスを何度も繰り返します。樹脂の射出成形、板金のプレス成形、鋳造のどれでも同じです。金型は設計者によってかなり慎重に確認がされていることになります。

　次は2次加工です。鋳造部品を切削加工する、板金部品を溶接する、樹脂部品を溶着するといった加工です（図3）。印刷や塗装、メッキなどもあります。製品の内部部品で体裁を気にする必要がなく、かつ形状が単純な部品以外のほとんどには2次加工があります。今回のベゼルに関しては、押し出し材の曲げ加工と表面処理、組み立てと多くの工程があり、全工程が39工程もある、不良の発生しやすい部品でした。

　では、2次加工の工程をしっかり確認している日本の設計者は、どのくらいいるでしょ

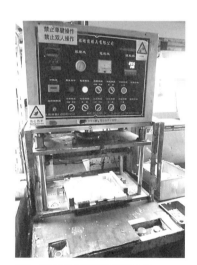

**図3　2次加工で利用する設備と治具**
樹脂の成形品にインサートナットを溶着している。写真はベゼルとは別部品の2次加工工程である。

うか。金型とは異なり、確認せず部品メーカーの製造現場に任せている
ケースがほとんどだと思います。私が過去に日本で部品を作製していた
ときは、恥ずかしながら2次加工の工程を確認した経験は5回程度しかあ
りませんでした。その理由は日本の部品メーカーはとても優秀なので、
確認の必要がないからです。ところが中国ではそうはいかないのです。

## ●2次加工の工程で不良の原因になる2つのモノ

　ここから2次加工の工程を確認する大切さをお伝えします。2次加工
の工程で作業者は何を使用するでしょうか。それは次の通りです（図4）。

- 治具（部品を固定するモノ）
- 作業標準書（作業方法と手順を記載したモノ）
- 工具（電動ドライバーなど）
- 装置（溶接機・切削加工機など）

これらの中で、設計者による確認が絶対に必要なモノはどれでしょう

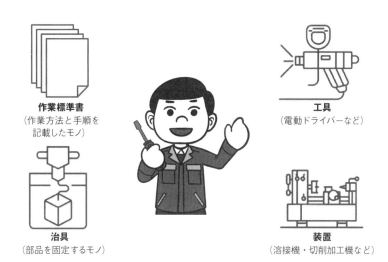

**作業標準書**
（作業方法と手順を
記載したモノ）

**工具**
（電動ドライバーなど）

**治具**
（部品を固定するモノ）

**装置**
（溶接機・切削加工機など）

**図4　2次加工の工程で作業者が使うモノ**
これらの中で特に確認が必要となるのが治具と作業標準書だ。

か。それは治具と作業標準書です。理由は金型と同じく、これらは新規部品に併せて新規に作製するモノだからです。つまり新規に作製する治具と作業標準書も金型と同じく、設計者による確認が必要なのです。

　一般的に工具や装置は汎用の既製品が多く、ある程度信頼度が高いので確認の必要性は低いです。ただし溶接機のような装置の設定値や、工具である電動ドライバーの設定トルクを確認する必要はあるでしょう。

### ●「誰が作業」しても「同じ作業」になる工程にする

　これら2つのモノの確認が大切な理由がもう1つあります。それは中国では作業者の入れ替わりがとても激しいということに関係します。私のよく知る部品メーカーには約3000人の作業者がいて、春節（中国の旧正月）が終わると約400人は帰省したまま戻ってきません。よってこの会社の社長は、帰省者に友達を連れてきてもらうようお願いしており、その友達で戻ってこなかった約400人を補充します。つまり春節だけで、約15%の作業者が入れ替わるのです。年単位では約30%が入れ替わります。

　それに付け加え、中国人は情報の伝達が苦手です。作業者が入れ替わっても前任者の情報は後任者に伝わりません。さらに強い自己判断もあります。作業者が変わればまた別の判断となりかねません。

　これらのことから、製造ラインでは作業者のスキルによって結果が変わってしまう工程は厳禁です。「誰が作業」しても「同じ作業」になる工程作りが必要です。よって、作業者のスキルに大きく依存するような手作業はなるべく減らさなければなりません。もし手作業の工程があれば、必ず治具を造り、既に治具がある工程では、その治具の出来具合を確認する必要があるのです。

　実際の製造ラインでは、作業者が作業標準書を常に見ながら作業をするわけではありません。しかし作業者が入れ替わった場合は、作業標準書で作業方法の確認をします。作業標準書は部品メーカーと設計者の間

での部品や製品の造り方を約束したモノです。私たちが作業内容の改善を依頼した場合は、作業標準書にその内容が記載されます。よって、作業標準書の確認もとても大切となるのです。

　設計者は生産が始まると、不良品やトラブルが発生しない限り、製造現場を再び訪れることはありません。つまり、生産後に製造ラインに設計者の意思を残せるモノとは、金型と治具と作業標準書の3つなのです。金型は設計者が十分に確認をしているとして、残る2つの治具と作業標準書を設計者が確認することはとても重要であると認識する必要があります。

\ Point /

- 2次加工の工程の確認は大切
- その中でも治具と作業標準書の確認は大切

## 7-2 2つのバラツキの原因とその管理者は？

　「品質が悪い」と言う場合、その部品の設計者が部品の作製過程で言う「品質が悪い」と、その部品の納入先である組立メーカーの部品保証担当者が、部品の受け入れ検査時で言う「品質が悪い」の2つがあります（図5）。「品質が悪い」と言うとき、その部品の状態は同じようなものでも、その対処の仕方は大きく違います。

### ●設計者と部品保証担当者が言う品質の意味の違い

　設計者は部品の生産が始まるまでに、金型の磨きや合わせの確認、射出成形機の温度条件などの微調整、装置の設定値の調整や治具の改善、

塗装の吹き方や乾燥時間の調整などを部品メーカーと一緒に行います。部品に求められたスペックを満足できるように製造ラインを造り込んでいくのです。そして、そのスペックを満たせない場合に「品質が悪い」と言うことになります。部品メーカーがスペックを満足させられる実力がなかったり、設計者の要求が過剰品質であったりすると、スペックを変更する場合もあります。

　一方、生産を開始して数カ月もしくは数年経過した後、設計者が最終決定したスペックからはみ出す（スペックアウトの）部品が生産されてしまったり、悪いときには納品されてしまったりする場合があります。このとき、部品の納入先である組立メーカーで受入検査を行う部品保証担当者も「品質が悪い」と言います。

　これらの2つの「品質が悪い」を言い換えると、前者は「欲しいスペックに入る部品ができないな〜」となり、その対処は前述したような調整や改善をしてスペックに入る製造ラインを造り込むことになります。後者は「スペックアウトの部品が納品されるな〜」となり、その対処は、製造ラインを生産開始当初の状態に維持してスペックアウトさせないよう、部品メーカーを指導し管理することになります。

　ここでは「設計者」と書きましたが、設計メーカーで設計者をサポート

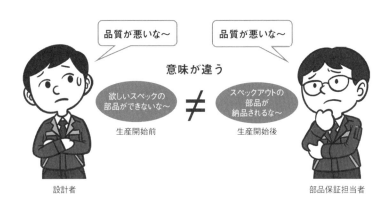

**図5　同じ「品質が悪い」でも、その意味は担当者によって異なる**

する品質管理や製造技術の担当者も含まれます。大切なことは、生産開始時に設計者が製造ラインをしっかりと造り込んでいなければ、生産開始後に部品保証担当者が製造ラインを維持できるはずがないということです。

## ●生産開始後にできる品質維持の空白地帯

　日本の設計者は、前述した製造ラインの造り込みを部品メーカーに一任する傾向にあります。それは日本の部品メーカーは同じ品質の部品を造り続ける力（品質維持スキル）が高いため、それに頼りきっているのです。

　一方、中国の部品メーカーは同じ品質の部品を造り続ける力がどうしても足りません。よって、日本の設計者が中国で部品を生産すると、ここに品質維持の空白地帯ができてしまうのです（図6）。これが、中国で日本人が不良品を造ってしまう根本的な原因です。ここからは、この空白地帯をどうやって埋めるかをお伝えします。

## ●中国で発生しがちな2つの不良

　私が中国の部品メーカーで部品を作製してきた中で、比較的多かった不良を2つ紹介しましょう。どちらの不良も、日本の部品メーカーでは1

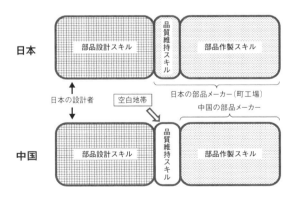

**図6　品質維持スキルが空白地帯になり、それが生産開始後の品質不良につながる**

度も経験したことはないものでした。

　まず、プレス部品のダボの根元にクラックが入るという不良です (図7)。クラックが広がりダボが脱落してしまうと、電気製品では導電物が製品の内部に混入することとなり、基板をショートさせてしまう可能性があるので非常に危険です。

　もう1つは、樹脂部品と別部品を接合する方法である、溶着に関する不良です。樹脂の部品上にある凸の円筒形状に、溶着したい別部品に開いた丸穴を貫通させます。ドーム形状に凹になったはんだゴテのようなもので丸穴から突き出た部分を溶かし、樹脂をドーム形状にして別部品を固定する加工です (図8)。

　私はこの加工を中国の部品メーカーで何度も行いましたが、きれいなドーム状にできたことは1度もありません。形状の不良があると、取り

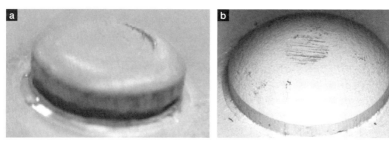

**図7　プレス部品のダボ**
直径は2〜3mm。クラックの入った不良(a)ときれいなダボ(b)。

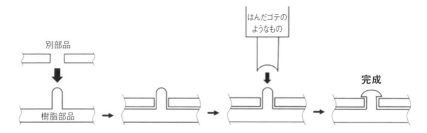

**図8　溶着の加工工程**
樹脂部品上にある凸部(直径1〜2mmの円筒形状)に、別部品に開いた丸穴を貫通させる。穴から突き出した凸部の先端に、ドーム状に凹んだはんだゴテのようなものを押し付けて溶かす。結果、凸部の先端がドーム状になり、別部品を固定できる。

付けた別部品が動いてしまったり、外れてしまったりする可能性があるのです（図9）。

　これら2つの不良について私は、以下のような対策を実施しました。プレス部品のダボについては、その根元のクラックは目視では見つけにくいため、プッシュプルゲージを用いてある一定の力でダボを裏面（凹面）から押し、脱落しないかを確認するのです。もしダボが脱落してしまうようなら、金型を修正します。

　溶着のドーム形状の不良に関しては、コテ先の形状修正をはじめ、溶着機に装着されている複数のコテ先の高さ違いや斜めになっているコテ先を修正します。8カ所を同時に溶着する部品を担当したときは、修正が完了するまでに丸3日間を費やしました（図10）。プレス部品のダボも溶着のドーム形状も、不良の修正には長い時間と労力が必要です。

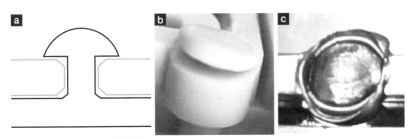

**図9　ドーム形状の溶着の形状不良**
本来はきれいなドーム形状になっているべき(a)。ところが、溶着機のコテの取り付け方が悪いと、きれいなドーム状にはならない(b、c)。

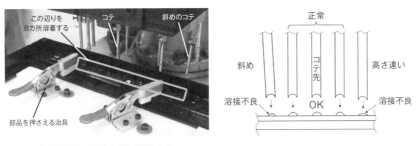

**図10　8カ所を同時に溶着する溶着機と治具**
8カ所を同時に溶着する。コテの脱着時や溶着中にコテ先が曲がってしまい、コテ先の位置がずれてしまうことがある。このため、生産開始後の確認が必要だ。

これらの不良が発生する原因として、中国メーカーのスキル不足が一番にありますが、ダボやドーム形状の詳細な寸法を図面に表記していないことも別の問題として挙げられます。「使えれば問題ない」という中国人の国民性によって、部品メーカーの担当者が持つ個別の判断基準で出来具合が決まってしまうのです。不良を発見して修正を依頼しても、修正後の出来具合のレベルに関する認識がなかなか合わず、修正完了までに長い時間を費やしてしまいます。これに関してはまた、第9章で詳細をお伝えします。

### ●生産開始前と開始後の品質に関する責任区分

これら2つの不良には大きな違いがあります。ダボのクラックに関しては、金型のダボ部を修正します。生産開始前に金型修正が完了してしまえば、生産開始後にクラックが再発する可能性はまずありません。

一方、溶着の形状不良に関しては、溶着機へのコテ先の取り付け高さや傾きの修正となります。生産開始前に確実なセッティングをしても、生産開始後に不良が再発する可能性があります。その理由は、溶着機は汎用的な装置であるため、別の部品の溶着に使用するときがあるからで

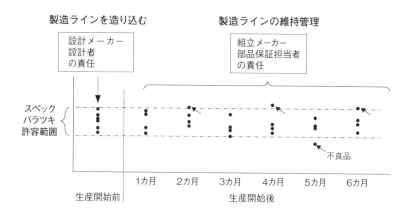

**図11　生産開始前と開始後の品質の責任区分**

す。その際には溶着機のコテを付け替えるため、扱い方が雑だとコテ先が何かに当たり斜めになることもあります。付け替えをしなくても、溶着を継続的に行っていく中で部品がコテ先に当たり続けることにより斜めになっていく可能性もあります。つまり、このような装置や治具を使っての加工不良に対しては、生産開始後にも製造ラインの確認が必要となるのです。

生産開始前と生産開始後では、部品の品質に関する責任区分が異なります（図11）。生産開始前の品質に関しては、設計者の責任において部品そのものの品質を必要なスペックのバラツキ許容範囲に入るように製造ラインを造り込んでいく必要があります。

この造り込みにおいては、前述した治具と作業標準書の確認が重要になります。金型があればもちろん金型の確認が最も重要です。それ以外にも、装置や工具の設定値の確認も必要です。ところが現実には、中国の製造ラインでこれらをしっかりと確認している日本の設計者は非常に少ないといえます。日本の優秀な部品メーカーでは確認の必要がほとんどなかったからです。

一方、生産開始後の品質に関しては、その部品の納入先である組立メーカーの部品保証担当者の責任になります。部品保証担当者は、部品の品質が生産開始前に定めたスペックのバラツキ許容範囲に入るように、製造ラインの治具や作業標準書、装置や工具を維持管理するのです。

## ●スキル不足と訪問不足が不良発生の原因に

組立メーカーが中国にあり中国の部品メーカーから部品が納入される場合、中国の組立メーカーの部品保証担当者が中国の部品メーカーの品質を管理します。ところが、部品保証担当者の技術的なスキルが不足している場合が多く、そうした担当者は品質管理システムが機能しているかを文書で確認する程度のことしかできません。つまり部品保証担当者が中国にいても、製造ラインの技術的な確認は誰もやっていないとい

う状況が中国では多々あるのです。

　一方、組立メーカーが日本にあり中国の部品メーカーから部品を輸入する場合は、日本の組立メーカーの部品保証担当者が中国の部品メーカーの品質を管理します。ところが私の知る範囲では、年に1回程度中国の部品メーカーを訪問すれば良い方で、問題が発生しない限り全く訪問しない部品保証担当者も多くいます。中国の部品メーカーへの関わりが非常に少ないのです。

　1次メーカーから一部の工程が2次メーカーに外注されていた場合、2次メーカーの品質管理も重要となります。基本的に、2次メーカーの品質管理は1次メーカーの責任範囲ですが、中国の場合は1次メーカーによる2次メーカーへの関わりが非常に希薄です。そのため、生産開始前には日本の設計メーカーの設計者が、生産開始後には中国の組立メーカーの部品保証担当者が、その領域（2次メーカーの品質管理）にまで入り込む必要が生じる場合もあります。

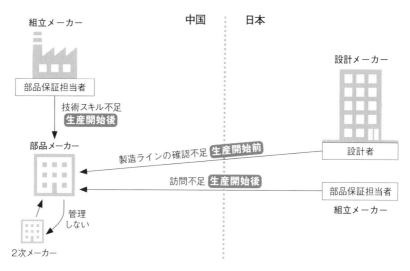

**図12　不良の発生する場所とその原因**
不良の発生原因は、生産開始前の設計者による製造ラインの確認不足と、生産開始後には部品保証担当者の技術スキル不足と訪問不足がある。

もし2次メーカーが不良を発生させて最終的に製品不良につながると、そのコストを負担するのは多くの場合、日本の設計メーカーです。たとえ中国の部品メーカーに費用請求ができたとしても、最終的に大きなダメージを受けるのは日本の設計メーカーです。「2次メーカーを管理するのは1次メーカーの責任」と放っておくわけにはいかないのです。

　生産開始前と生産開始後の責任区分、製造ラインの確認不足と品質維持管理のための技術スキル不足、訪問不足の状況をしっかりと理解していない日本の設計メーカーは、生産開始の前でも後でも品質問題を防げません(**図12**)。中国において不良が発生する場所と原因を把握し、それに応じて取り組む必要があるのです。

## ●日本の設計メーカーにできること

　では、中国での不良品を少なくするために日本の設計メーカーにできることは何か。具体的には次の2つがあると私は考えています。

[1] 生産開始前は設計者が、金型はもちろんのこと、治具や作業標準書、さらには装置や工具を確認し、製造ラインを造り込む。できれば、2次メーカーにまで入り込む

[2] 生産開始後は部品保証担当者が、設計者によって生産開始前に造り込まれた治具や作業標準書が部品の品質を維持できる状態になっていることを、技術的な観点からも定期的に確認し維持管理する。できれば2次メーカーにまで入り込む

　[1]に関しては、そもそも設計者の業務なのですが、日本の優秀な部品メーカーとの部品作製では設計者が製造ラインに深く入り込む必要性が低かったため、いつの間にか手薄になってしまっています。中国でのものづくりにおいては、この意識を変える必要があります。

　[2]に関しては、中国の組立メーカーの部品保証担当者の技術スキルが低いことと、日本の部品保証担当者が中国を頻繁に訪問するのが現実

的に厳しいことに原因があります。しかし中国で製造をする以上、品質管理の体制を根本的に変える必要があるのです。

米アップル（Apple）の製品は、中国においてかなり高い品質を維持しながら生産が継続されています。聞くところによると同社の設計者や品質管理担当者は、組み立てを委託しているメーカーの先にある部品メーカーやデバイスメーカー（1次メーカー）、さらにその先にある部品メーカー（2次メーカー）にまで入り込み、品質を管理しているそうです。生産開始前はもちろんのこと、生産開始後も同社の社員が2次メーカーの品質管理に定期的に関わっていると聞きました。自社製品の部品が「どこで」「どのように」製造されているかを、生産開始後も常に管理しているのです。

ここまで関与するには、人的パワーと技術的なスキルが必要になり多大なコストが発生するため、簡単にまねはできません。また高品質を維持し続け、深い信頼関係で結ばれた日本の優秀な部品メーカーとのものづくりに慣れ親しんできた日本のメーカーは、ここまで入り込むことは難しいでしょう。しかしアップルは、中国での製造では部品メーカーの末端まで管理する必要があると考えているのです。

ものづくりにおいて米国人と中国人の国民性は非常に似ている、とよく聞きます。米国人は中国人の行動様式をよく理解しているのだと思います。

\Point/

- 生産開始前は、設計メーカーの設計者による
  製造ラインの造り込み（治具と作業標準書の確認）が
  重要
- 生産開始後は、部品の納入先である組立メーカーの
  部品保証担当者による品質の維持管理（技術スキルアップと
  定期的な訪問）が重要

## あなたの会社の製品と部品の品質は
## 誰が保証しますか?

　皆さんは自社の製品や部品に何かしら関わっていると思いますが、生産開始前と生産開始後で、どこの部門が責任を持って品質を保証しているでしょうか。海外で製品や部品を造っている場合にどのようになっているかを下の表に記入してみてください。空欄には「設計部門」とか「中国組立メーカーの部品保証部門」などと書いてみてください(図A)。部品がそのまま製品になる場合は「製品」としてください。

　1度整理してみると、品質に関して自分のすべきことが理解できると思います。

|  | 製品 | 部品 |
|---|---|---|
| 生産開始前 |  |  |
| 生産開始後 |  |  |

図A　自分の関わる製品や部品の品質を保証しているのはどこの部門ですか?

## 7-3 バラツキない ものづくり

　不良品が発生する最大の原因は、作業のバラツキです。同じ作業者であっても、朝一番に1個目を造るときと100個目を造るときで、作業方法が変わっている場合があります。また、今日の作業者と明日の作業者がいつも同じ人とは限らないので、それによっても作業方法が変わってしまう場合があります。

### ●「誰が作業」しても「同じ作業」になる工程作り

　中国において、作業のバラツキが多い原因には国民性が影響しています。作業方法が決まっていたとしても、作業者独自の判断が優先され作

業方法が変わってしまう場合があります。「こうしたら作業が速い」とか「この作業は面倒だから、こうやっても同じだ」といった判断です。春節後などに人の入れ替わりがとても激しいことも、これに拍車をかけています。

　「人」の影響による作業のバラツキを減らすため、「人」の影響をそのまま受ける手作業は極力なくす必要があります。手作業をなくすというとロボットの導入を思い浮かべますが、高いコストをかけずとも、治具を用意するといった工夫で多くの問題は解決できます。そしてその治具によって作業を固定化すると「誰が作業」しても「同じ作業」になる工程を作れるのです。

　生産個数が少ない場合は1個当たりの治具費用が高くなってしまうため、手作業のままで個々の作業者に作業方法を一任する場合が多くあり

**図13　インサートナットを溶着している作業風景**
手作業による溶着のため、インサートナットが斜めになってしまう場合があった。

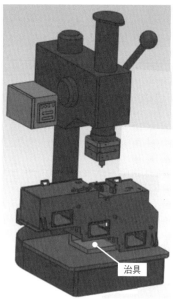

**図14　溶着機と治具**
治具によって部品を水平に固定し、インサートナットを垂直に溶着する。治具は安価に作製できる。

治具

ます。しかし、中国ではそれが非常に危険なのです。治具は簡単なもの
でしたら、数千円でできます。治具によって全ての作業を完璧に固定
化できるわけではありませんが、できるだけ治具を用意し、作業者独自
の判断が作業方法に入り込まないようにして、作業を固定化することが
重要です。

　図13はインサートナットを手作業で溶着している作業風景です。溶着
コテを握る手が斜めになっており、インサートナットが斜めに埋め込ま
れてしまうものがありました。そこで、図14のような溶着機を使用して
治具を作製しました。治具は部品を水平に固定するための小さな台です。
とても安価に作製できます。

　レバーのある溶着機は購入が必要です。しかし高価な溶着機がなく
ても、治具の工夫次第では、溶着コテを垂直にできる方法はあると考え
ます。皆さんも考えてみてください。

・装置の使用と治具の作製で手作業は極力なくす
・治具で作業の固定化をする

## ●作業指示を明確にする2つの「モノ」

　中国において、「指示のないところ」「曖昧なところ」「分からないとこ
ろ」は無視されるか勝手に判断されてしまいます。製造ラインにおいて
「作業方法の指示のないところ」「作業方法の曖昧なところ」「作業方法の
分からないところ」も同様です。

　作業方法を指示する文書が「作業標準書」です。生産開始前までには
作成しておく必要があり、生産開始後には作業標準書の通りに作業され
ているかの確認が大切です。この作業標準書が、設計者と組立メーカー

もしくは部品メーカーの間での、作業方法の取り決めとなります。ただし、作業者はいつも作業標準書を見ながら作業しているわけではありません。よって、作業をより固定化するために治具が必要になってくるのです。

\ Point /

- 品質を維持するには治具と作業標準書の作製とその確認が大切

第**8**章 不良原因の見つけ方

## 8-1 不良が発生しがちな製造現場の3つのパターン

　中国駐在中に、部品作製やトラブル対応のため、またメーカー選定のために私が訪問した部品メーカーは全部で100社以上になると思います。自分が担当する部品の生産前の金型トライ（試作）や生産開始といったタイミングはもちろん、生産が開始された後で部品に問題が発生したときなどに、ほぼ1日中、部品メーカーの製造ラインにいることが多くありました。こうした経験から、不良品が発生しがちな製造現場には3種類のパターンがあると、私は思うようになりました（**図1**）。

　最初のパターンは基本的な「5S（整理、整頓、清潔、清掃、しつけ）」が徹底されていない製造現場です。5Sはその部品メーカーのオーナーや社長（中国語で「董事長」）の方針ともいえます。設計者が製造現場の担当者に5Sの問題点を指摘しても改善されるものではありません。

　第2のパターンは、ラインリーダーや作業者が自己判断によって作業

**図1　不良が発生しがちな製造現場の3つのパターン**

方法や手順を変えてしまっている場合です。現場の作業者自身は良かれと思ってやっているのでしょうが、結果的には品質に悪影響を与えてしまっています。「改善」のつもりが「改悪」になってしまうわけです。これは中国人の典型的な国民性である「強い自己判断」の現れのため、指摘してその場では改善しても、不良が発生しない限り根本的にはなかなか解決しないです。

　そして第3のパターンは、作業者のモチベーション（意識）の低さに起因した問題です。日本の製造ラインのようにモチベーションが高い作業者が多いと、いつの間にかその環境が普通と感じてしまいますが、中国ではそれには期待できません。モチベーションを変えてもらうことも難しいものです。

　以下で、それぞれの具体例と対応策を紹介します。もちろん、こうした中国の部品メーカーは全体の一部ではありますが、現実問題として出会う可能性はそんなに小さくありません。

### ●経営者のポリシーは変えられない

　まず**図2**の写真を見てください。私が訪れたある部品メーカー2社の金型保管場所を写したものです。図2（a）の写真は、屋根らしきものは見

**図2　金型の保管状況の違い**
ほぼ雨ざらし状態の金型(a)と、きちんと保管された金型(b)。

えますが、ここは建物と建物の間のアーケードであって、実質屋外ではぼ雨ざらし状態で金型が保管されています。図2(b)の写真は、金型を1つずつラップできちんと包み、屋内で保管しています。

　家電製品などでは、その製品が市場に出てから約8年間は、修理対応の部品を造り続けられるようにしておく必要があります。つまり、その部品を造るための金型も約8年間保管しておかなければならないのです。

　図2(a)の写真のような状態で保管された金型は短期間でさびてしまい、生産開始時と同じ品質の部品を約8年間にわたって造り続けられるか懸念があります。一方、図2(b)の写真のように金型が保管されていれば、8年後も同じ品質で部品を造れると予想できます。

　もう1つ、私が見た製造現場を紹介しましょう**(図3)**。ここも、私が担当した部品を製造していた製造現場です。写真中央には、無造作に置かれた部品ケースがあり、周囲には部品が散乱しています。また右側には材料袋の口が開いたままで放置されています。

　このような製造現場で製造される部品は、不良品の発生する可能性が大です。口の開いた材料袋に異物が混入する心配があります。もし部品の組み立てを依頼していれば、指定した正しい部品がきちんと使用されていない恐れもあります。

別のある工場では、自社で製造した部品在庫のカートンが倉庫で潰れているのを見たこともあります。また作業者が見るべき作業標準書が、作業者のいる場所とは別の場所に保管されていたり、2m以上の肉眼では見えないほど高い場所に掲示されていた

**図3　「5S」ができていない製造現場**
部品ケースが散乱し、写真右側の材料袋の口は開いたままになっている。

りする製造現場もありました。

　ここで紹介したような状態に製造現場が陥ってしまう背景には、部品メーカーの体質的な問題があります。改善を依頼しても、なかなか改善されるものではありません。この部品メーカーの経営者がどういうポリシーを持っているかに依存するからです。

　部品作製を依頼する側は経営者のポリシーまで変えられません。では、できることは何か。それは、このような部品メーカーとは取引しないことです。そこで、部品メーカーの選定方法を知ることはとても重要なのです。

### ●作業手順を勝手に変える製造ライン

　次は、製造ラインでの作業に目を移してみましょう。**図4**は、アルミ製の長方形のフレームに小さな板金部品をビスで固定する工程です。作業をよく見てみると、左側の作業者は電動ドライバーを使ってビス留めをしています。製造ラインに詳しい人は、一般的に不自然な光景だとすぐ分かると思いますが、作業者の向かい側にもう1人の作業者（右側の作業者）がいるのです。実は、右側の作業者は左側の正規の作業者の作業が遅れたときにだけ現れ、ドライバーのビット（電動ドライバー先端の部分）を手に持ち、それを指で回して板金部品をビスで仮固定していたのです。

　もちろん作業標準書には、この工程を1人の作業者で実施すると書かれています。それなのに作業者の自己判断によって2人で作業していたわけです。

**図4　作業手順が変更されていた製造ライン**
本来1人の作業者で実施すべき工程を、作業に遅れが生じると製造ラインの両側から2人でビス留めをしていた。この2人での作業によって、さまざまな不良が発生した。

勝手に工程の作業方法を変更してしまった結果、[1] ビス留め忘れと [2] ビスの斜め打ちといった不良が発生したのでした。

　[1] の原因は次の通りです。右の作業者がビットを指で回して板金部品をビスで仮固定する際、既にネジは切ってあるためビスのほぼ全長がビス穴に入る場合があります。そうなった場合、左の作業者は自分が電動ドライバーでビス留めをしたと勘違いしてしまいます。結果、板金部品は仮固定のままラインを流れて行っていたのです。

　一方、[2] の原因は次の通りです。ビットの長さは5cmくらいと短いため、指を使ってビス穴に垂直にビットを回すことは難しく、ビスが斜めに入ってしまうことがあります。ビスそのものも短いので、左の作業者はビスが斜めに入っていることに気付きません。そして、ビスが斜めのまま電動ドライバーで強引にビスを留めてしまったのです。

　この問題の原因は、作業標準書の記載にないやり方を、作業者の自己判断で行っていたところにあります。私は作業者とラインリーダーに、この作業が不良品の発生の原因になっていることを丁寧に説明し、2人では絶対に作業をしないように警告しました。

　加えて作業標準書に記載する内容も見直しました。具体的には、員数管理のビス箱を用意するとともにビス留めの順番を治具に表示し、その作業方法を作業標準書に記載したのです。員数管理とビス留め順は、今回の問題の解決には直接結びつくものではありません。しかしこうした

**図5　アルミフレームの工程間の搬送形態**
コの字形のアルミフレームが、接触しそうに置かれている(a)。パレット上に積み重ねた状態では、仮に接触していても判別できない(b)。そこで、樹脂製の仕切り板(スペーサー)を導入して確実に部品同士がぶつからないようにした(c)。

作業の固定化は、作業者の自己判断を防ぐために最も有効な手段です。

## ●モチベーションの低さが不良へ

　中国では作業者のモチベーションの低さが原因で不良が発生する場合もよくあります。以下で具体例を3つ紹介しましょう。

　図5は、アルミフレームを階で別れた製造ラインの工程間を搬送する際の搬送形態を撮影したものです。図5 (a) の写真では、シートの上に並べられたアルミフレームの体裁面（コの字形の外側）が隣接する部品にぶつかりそうなのが分かります。図5 (b) の写真は、アルミフレームの乗ったシートを積み重ねてパレット上に載せたものです。この状態では、部品同士がぶつかっていても見えません。改善したのが図5 (c) の写真です。プラスチック（PET）製の仕切り板で、部品同士がぶつからないようにしました。

　実はこの部品メーカーは他社の似たようなアルミフレームを多数量産しており、他の製造ラインでは既に仕切り板を使用していました。体裁面への傷は厳禁であり、仕切り板がないと部品に傷がつきやすいと作業者は知っていたのです。認識はあるはずなのに、対応はしてなかったわけです。

　図6は、基板上に輻射対策として貼り付けられたガスケットです。見るからに大きくずれています。もちろん作業標準書にはコーティングのない線の内側に貼り付けると記載されています。それが全く守られていなかったわけです。

**図6　貼り位置が大きくずれたガスケット**
見るからに大きくずれている。作業者が気付いていないはずはないが、モチベーションが低いと改善しようとしない。

このような問題は、個々の作業者を注意してもなかなか根絶できません。作業者は、ガスケットがずれていることを当然知っています。知っていても守らないのは作業者のモチベーションが低いからです。作業者が頻繁に入れ替わる中国の製造ラインでは、注意してもまた繰り返されるだけです。このような場合の対策は、貼り位置がずれないような治具を作製するしかありません。

最後に樹脂のインサート成形の部品において、インサートする複数のインサートナットのうち数個が逆向きに取り付く、もしくは取り付いていないで成形されてしまったという事例を紹介します。このインサートナットはM3の直径6mmくらいのサイズで、指先でつまめる程度の小さな部品です。フランジが付き方向性があるのですが、指でつまんでしまうと判別しにくいので、作業者が向きを間違えて金型に取り付けてしまうのも理解できます。作業者もインサートナットを逆向きで取り付けてしまう心配があったため、注意深く作業はしていたのですが、不良品が出てからも特に対策は取らずにいたのでした。

私はこの対策として、簡単な細いシャフトで治具を作製しました（図7）。金型にインサートナットを取り付ける前準備として、この治具にインサートナットを指定した方向にはめ込んでもらうのです。成形品1個に使用する個数しか、はめ込まれられないようになっています。

このように治具に1個の部品に必要な個数のインサートナットがはめ込まれていれば、1個だけ逆さになっていると見た目ですぐに分かります。この治具

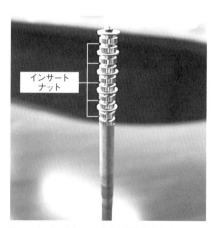

インサート
ナット

**図7　インサートナットの向きと個数を指定する治具**
1個の部品に使用する数だけをはめ込んでおく。そうすることで、
付け忘れ防止と向きの間違いを同時に防止できる。

にはめ込んだインサートナットを上から順番に指でつまんでもらうことで、向きをいちいち確認する必要もなくなり、逆向きの取り付けと取り付け忘れを同時に防ぐことができました。

\ Point /

- 5Sができない部品メーカーとは最初から取引しない
- 勝手に作業方法を変えてしまう場合は、治具で作業を固定化する
- モチベーションの低い作業者の作業は治具化し、作業を固定化する

## 8-2 治具を確認する 6つのポイント

　治具は、設計者の知らないところにも多く使われています。設計者がその存在を詳しく知らない理由は次の2つです。1つは、治具は一般的に部品メーカー主導で造られるものが多く、設計者が全部を把握しきれないから。もう1つは、生産開始直前に、もしくは生産が始まってから造られる治具が多く、確認漏れが発生しやすいからです。治具も金型と同じように製品や部品の形状を決めるものです。よって、生産前には確認を終えておく必要があるため、その旨を部品メーカーにも伝えて確認行為を日程に盛り込んでおくべきです。

### ●実は、こんなにある治具の種類

　図8は、樹脂部品に板金など部品を溶着して固定するときに、樹脂部品と溶着コテの位置合わせをするための治具です。この治具の確認と併

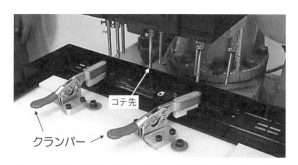

コテ先

クランパー

**図8　樹脂部品に別部品を溶着するときに、樹脂部品と溶着コテの位置合わせをする治具**

せて、コテ先の高さ、縦横の位置、傾きなどの確認も必要になります。

**図9**は、2つの板金をスポット溶接するとき、スポット溶接の電極チップと板金の位置関係を合わせる穴の開いた板状の治具です。溶接に関しては溶接機の設定値の確認も併せて必要になります。

**図10**は、鋳造部品をマシニングセンターで切削加工するときに、部品を固定する治具です。切削加工は部品に大きな力が加わるため、空気圧で部品を固定するエアークランプが用いられ、高価な治具となります。精度の高い加工を行うためのものなので、注意して確認すべきです。

**図11**は、部品にシートを加圧して接着するときに、シートと加圧部の位置合わせをする治具です。加圧部がシート全面にわたって均一に加圧

電極チップ

板金部品

板状の治具

**図9　2つの板金のスポット溶接で電極チップと板金の位置合わせをする治具**

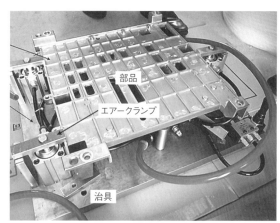

部品

エアークランプ

治具

**図10　鋳造部品の切削加工に用いる治具**

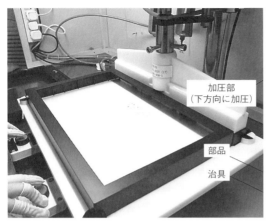

加圧部
（下方向に加圧）

部品

治具

図11　シートの接着時に、シートと加圧部を位置合わせする治具

図12　ビス留めの順番を指定する治具
（a）と部品（b）

しているかも併せて確認が必要です。

　図12は、アルミフレームに板金部品をビスで留めるときに、そのビス留めの順番を指定する治具です。ビス留めの順番が品質に影響を与えるとは限りませんが、それが分からないため、その順番を決める必要があります。

　これらのように、設計者の知らないところで治具はたくさん造られています。しかしその治具が、設計者の設計意図に反して作製されているものや、不具合があるものが中国では多く見つかります。よって、それらを確認することはとても重要になります。設計者は自分の設計した部品が、製造ラインで「どのように」造られているかを知っておく必要があるのです。

\Point/

・治具の確認も日程に盛り込む
・自分の担当する部品に使用される治具を全て把握する

## ●治具を確認する6つのポイント

では、ここから治具の確認方法に関するポイントをお伝えします（**図13**）。具体的には、以下の6つがあります。

[1] 治具がガタつかない
[2] 治具が変形しない
[3] 部品がガタつかない
[4] 部品が変形しない
[5] 作業中（加工中）に部品の変形/振動/動きがない
[6] 部品が毎回同じ位置に固定される

まず、最初にその治具を使用する部品を用意しましょう。部品無しで確認してもほとんど意味はありません。

### [1] 治具がガタつかない

見た目で雑に作製されたと分かる治具にはよくあります。クランパー自体の固定が緩んでいたり、治具の構成部品同士の嵌合が悪かったりします。指で治具を触ると、カタカタとした感触があるので分かりやすいです（**図14**）。

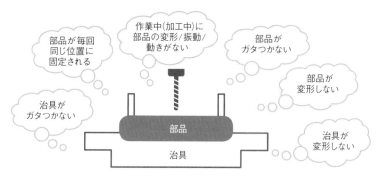

**図13　治具の確認ポイント**
これらは必ず部品を取り付けて確認する。

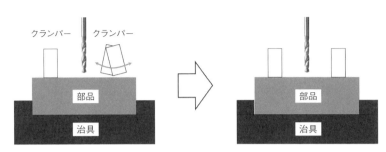

図14 治具を指で触りガタつかないことを確認する

[2] 治具が変形しない

　部品を取り付けてクランパーで固定すると、明らかに治具に過剰なストレスがかかっているものがあります。寸法が間違っているのです。治具の変形はわずかなため見た目では分かりませんが、自分で部品を固定してみるとクランパーを操作した感触で分かります。長期的な治具の使用で治具の破損の可能性があるため、そのような治具は修正が必要です（図15）。

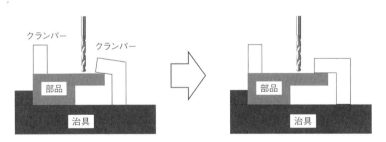

図15 治具が変形していないことを確認する

[3] 部品がガタつかない

　部品をクランパーで固定しても治具との間に隙間があり、左寄せ/右寄せなどで部品の固定位置が変わってしまうものがあります。また、クランパーで固定しても部品が動いてしまうものもあります。クランパーで固定したときに、必ず決まった位置に固定されるようにしましょう。またこ

のときに、部品の固定位置が一定となるようにクランパーで押さえる順
番も必ず決めてください（図16）。

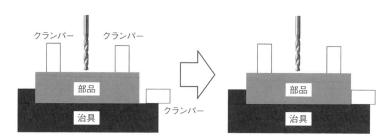

**図16　部品がガタつかないことを確認する**

［4-1］部品が変形しない

　治具に部品を固定すると、部品が変形しているものがあります。手で
クランパーのレバーを下ろすと、部品にストレスがかかる感触が分かり
ます。加工形状には影響ない場合もありますが、悪影響が出る可能性も
あるので、部品は変形しないようにしてください（図17）。

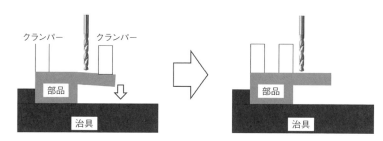

**図17　部品が変形しないことを確認する**

［4-2］部品が変形しない

　治具の中で位置が異なる2つの平面で高さ方向を固定すると、同じ部
品でも高さ方向の寸法が若干違うものもあるので、部品が変形している
場合があります。クサビのようなもので高さを可変できるようにしてお
く必要があります（図18）。

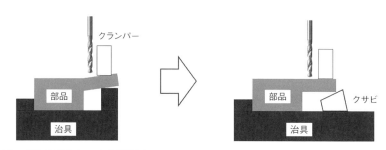

**図18　部品が変形しないことを確認する**

## [4-3] 部品が変形しない

　高さが異なる2つの面を、無理にクランパーで固定しようとしています。明らかに治具の設計ミスです。部品の高さが違う2つの面の寸法の差が0.5mm程度であった場合、治具設計者はそれに気付くことはありません。現物、3Dデータでは分かりにくいです。図面に寸法を表記していない場合もあります。このような寸法の差は設計者しか知り得ないので、設計者による治具の確認が必要になります。寸法差のある箇所を固定したい場合は、クサビのようなもので高さを可変できるようにしましょう。もしくは、そのような箇所は固定しないことです（**図19**）。

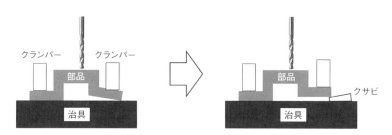

**図19　部品が変形しないことを確認する**

## [5] 作業中（加工中）に部品の変形/振動/動きがない

　マシニングセンターなどの工作機械での加工中は危険なため、この確認をすることは困難になります。しかし手加工でしたら確認はできます。

加工中に部品が変形する可能性のある箇所は固定しましょう（**図20**）。

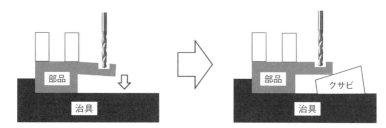

**図20　作業中(加工中)に部品の変形/振動/動きのないことを確認する**

## [6] 部品が毎回同じ位置に固定される

　治具に部品をクランパーなどで固定しますが、その固定する順番で部品の位置が若干変わってしまうことがあります。しかしその量は0.5mm程度の場合もあり、目視で確認することはできません。よって部品を固定する順番を決める必要があります。そしてそれを作業標準書に記載し、さらに、治具に順番の書いたラベルを貼ってください。順番はどうでも良いと思えても、必ず順番を決めるようにしてください（**図21**）。

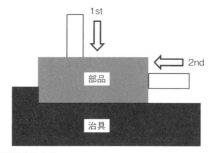

**図21　部品を固定する順番を決める**

　上記の全ての確認は、必ず部品を取り付けて行います。そして、できれば実際の作業者に作業してもらいます。部品を取り付けず、ただ漫然と眺めているだけでは、絶対に問題点は見つかりません。1回の確認では問題点が分からない場合があるので、最低3回は同じ作業を繰り返して確認します。

問題点が見つかれば、まずはその場で日本語通訳を通して作業者に指摘し、問題点を認識してもらいます。そしてその後、こちらで修正内容を考えて指示するか、もしくは現場の担当者と一緒に修正内容を決めます。

　必ず写真を撮り、後からレポートを作成することが大切です。レポートには修正内容が明確に分かるように、写真を用いて指示します。もちろんコメントを日本語で書いても良いのですが、写真だけでも修正内容が分かるようにした方が良いでしょう。治具の修正を担当する人は日本語が読めないからです。その後、打ち合わせで技術リーダーやラインリーダー、治具担当者などを集めて、修正内容の再確認を行いましょう。

\ Point /

- ・治具の確認は必ず部品を取り付けて行う
- ・治具は部品の設計者が必ず確認する
- ・1〜6の順に確認を行う
  - (1) 治具がガタつかない
  - (2) 治具が変形しない
  - (3) 部品がガタつかない
  - (4) 部品が変形しない
  - (5) 作業中 (加工中) に部品の変形/振動/動きがない
  - (6) 部品が毎回同じ位置に固定される

## 8-3　作業順の確認

　治具の確認において、クランパーを固定する順番を決めることは大切

であるとお伝えしましたが、1つの工程の中で作業順を決めることはとても重要です。作業順を決めていなかったことにより、不良品ができてしまったエピソードを紹介します。

## ●板金部品のビスが輸送後に緩む

　図22は、ある液晶モジュールを背面から見たもので、その下側に横長の板金部品が見えます。この板金部品は輻射対策も兼ねて10本のビスで固定されていました。この液晶モジュールは完成後、液晶モニターの組立メーカーに輸送されます。そこで梱包材から取り出されると、10本のビスのうち緩んでいるものや脱落しているものが数本見つかったのでした。その台数は100台中2～3台で、もちろん大きな問題となりした。この板金部品は設計者による検討段階では、何回も取り外されており、決してビスが留めにくいようなことはない、ごく普通のビスとその周辺の機構でした。液晶モジュールが工場間を輸送されることを想定しての輸送試験はもちろん実施済みであり、問題は何も起こっていませんでした。あまりにも一般的な機構であったためビスが緩むとは想定しにくく、原因究明は困難になると思われました。

図22　液晶モジュール背面の下側にある横長の板金を留めるビスが、ビス留め順によって緩む

## ●ビス留め順が原因だった

　原因究明が始まりました。ビス留め前に板金部品を置いたときの微妙な位置ずれや、ビスの締め付けトルクが適切であったかなどを調査したのですが、原因の糸口を見つけ出すことはできませんでした。それだけで4～5時間が経過

してしまったところ、私の横でずっと板金部品をビスで留めたり外したりして一緒に原因究明をしていた設計者仲間が突然、「ビスを留める順番によって、ビスが最後まで締まらない場合がある」と言ってきました。私はそんなことがあり得るかと驚き、その設計者仲間の説明を聞くことにしました。

　図23に示す通り、最上段の両端のビスを最初に留めてから他のビスを留めると、全てのビスは問題なく最後まで締めることができるのですが、2段目のビスから先に留めると、板金部品の穴がその下の埋め込みナットの位置から少しずれ、板金が埋め込みナットから若干浮いたままビスが留められてしまうことがあると分かったのでした。このビス留め順が影響する原因は、ここで使われている埋め込みナットの形状と横長の板金部品の若干の反りが影響していました。

## ●不良が発生するかしないか分からないから順番を決める

　しかし、ここで重要なことは「埋め込みナットの形状」と「板金部品の反り」ではなく、ビスを留める順番を決めていなかったということです。もちろん不良品が発生するまでは、数本のビスが最後まで締まらないビス留め順があるということは誰にも分かりません。つまり、どんな問題

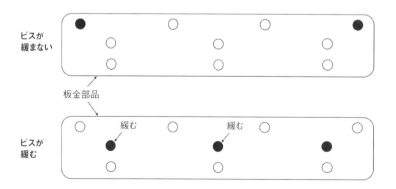

図23　板金部品のビスを留め順の違いでビスが緩む(最初に●のいずれかをビス留めする)

が起こるか分からないので、ビスの留め順を決める必要があるのです。

　これは、私の前職である日本の組立メーカーの製造ラインでは、ごく基本的なことでした。私がビス留め順を決めていなかったとしても、ラインリーダーは必ず「ビス留め順はどうしますか～」と私に聞いてきます。私が「どういう順番でも良いです」と返事をすると「では、この順番にします」と決めてくれて作業標準書に記載します。もしもビス留め順を決めないでいて不良品が発生してしまったら、それは製造方法を途中で変えたということでラインリーダーの責任となってしまうのです。しかし中国では、こちらが指定しなかったら、その指定しなかった通りに順番を決めずに作業するのです。

　ここでは「ビス留め順」を決めることが大切とお伝えしましたが、これはもちろんビスに限ったことではありません。全ての作業において、その作業順を決めることはとても重要です。ビスなどのような同じ形状の部品や複数のクッションの貼り付けなどの単純な形状の部品は、順番が違っても品質に影響を与えることはほとんどないと考え、決めていない場合が多くあります。しかし、影響を与えるか与えないかは分からないので、全ての部品を組み付ける順は必ず決めることが重要なのです。

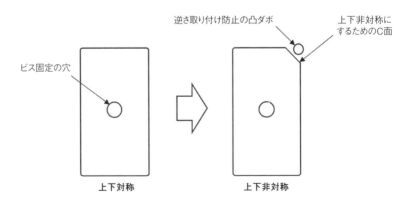

**図24　上下対称形状の部品はあえて非対称にすることで取り付け方向を決める**
C面を作製して上下非対称にした上で、この部品が取り付く面に凸ダボを作製し、逆向きに取り付けられないようにする。

## ●部品の方向性を決める

　作業順を決めることが重要であるのに関連して、部品の取り付け方向を決めることも同じく重要です**（図24）**。例えば上下対称の部品を、中心にあるビス1本で固定するとします。この部品は上下対称のため、どちらを上にして固定しても製品の機能と品質は変わらないと設計者は判断し、製造ラインへ取り付け方向の指定はしていませんでした。

　日本であれば製造ラインの作業者は、設計上は上下対称でも、完璧に上下対称の部品など現実にはあり得ないことを理解しているため、試作の段階であえて上下を非対称の形状にするよう設計者に要望を出します。上下を逆に固定してしまうことによって、万が一でも不良品が発生する可能性を完全になくすのです。

　しかし、中国の製造ラインではそのようにはいきません。図24の上下対称形状のままで上下方向の指示を出さないと、もちろんそのままでいます。よって、不良が発生する可能性はあります。上下非対称にすることは、本来なら部品を設計する段階で対応しておくべきことなのですが、日本の製造ラインの作業者はそこまでアドバイスしてくれる場合があります。基本言われたことだけする中国には、このような人はいません。

\Point/

- 作業順が品質に影響を与える可能性が
　ないと考えても、必ず作業順を決める
- 部品の方向性が品質に影響を与える可能性がないと
　考えても、必ず方向性を決める

# 8-4 作業標準書を確認する 5つのポイント

　中国の製造現場ですから、作業標準書はもちろん中国語です。よって、全ての工程の作業標準書を日本人の設計者が確認するのは難しいです。そこで、次のポイントのみを確認します。

　　[1] 手作業の内容は明確な表現で具体的に記載する
　　[2] 作業順が決まっていない場合は決める（ビス留めの順番など）
　　[3] 曖昧な表記をしない（ヤスリ掛け→#1200番で5往復など）
　　[4] 装置、工具の設定値を記載する
　　[5] 依頼した変更内容が盛り込まれているか確認する

基本は「誰が作業」しても「同じ作業」になる記述になっていることです（図25）。

**図25　作業標準書の確認5つのポイント**

## [1] 手作業の内容は明確な表現で具体的に記載する

　手作業の工程は不良の原因が多く潜むところです。手作業は極力なくしたいですが、完全になくすことは困難です。よって手作業があれば、できる範囲で作業方法を具体的に記載するようにします。手作業は作業方法や作業順、手・腕の強弱など自由度が高いため、中国人の「強い自己判断」によって作業内容がその時々で変えられてしまい、不良の発生につながります。作業に多少の自由度があっても問題が起こることはないであろうと想定されても、できる限り作業の自由度をなくして、作業を固定化するような記述にしてください。

## [2] 作業順が決まっていない場合は決める

　これは前述したビス留め順の内容と同じです。手作業には作業順が必ずありますが、それを決めていない場合があります。作業順が決まっていない作業を見つけたら、必ず作業順を決めてください。どのような順番でも品質にバラツキが発生することはあり得ないと思えても、決めてください。複数のビス留めなどは順番を指定するのを忘れがちですが、忘れず指定しましょう。

## [3] 曖昧な表記をしない

　漠然とした記載を見つけることがあります。例えば、「ヤスリ掛け」とだけ記載してある場合です。明らかに作業の説明不足です。「#1200番のヤスリで8往復」と具体的に記載してください。

## [4] 装置、工具の設定値を記載する

　装置や工具の設定値が、作業者の頭の中に入っているとか、作業者個人のメモに書いてあるなどはだめです。しっかりと作業標準書や専用の設定値リスト（成形条件表など）に記載されていることを確認しましょう。例えばスポット溶接機の場合、加圧力・電流値・通電時間などがあ

ります。それら設定値が記載されていることはもちろんですが、設定値とはちょっと違う電極チップの交換タイミング（頻度）などもあります。このような値は装置にはインプットしないため決めることを忘れがちで、作業者によって異なる場合があります。決まっていることを確認し、漏れなく作業標準書に記載しましょう。

### [5] 依頼した変更内容が盛り込まれているか確認する

　生産前や生産中に製造ラインを確認し、作業改善を依頼する場合があります。自分が依頼した作業改善は伝えて終わりではなく、その依頼した改善内容が作標準書に盛り込まれていることを必ず確認しましょう。

\Point/

**作業標準書は下記を確認する**
- **手作業の内容は明確な表現で具体的に記載する**
- **作業順が決まってない場合は決める**
- **曖昧な表記をしない**
- **装置、工具の設定値を記載する**
- **依頼した変更内容が盛り込まれているか確認する**

## 8-5 QC工程図の確認

　QC工程図の確認方法です。QC工程図の確認には次の2つがあります。

[1] QC工程図と実工程が合っているかの確認
[2] 不良品の処置方法の確認

[1]は合っていて当たり前なのですが、生産間際の打ち合わせで追加した工程が抜けたままになっていたり、金型や装置などにちょっとした不具合が発生し、その対策として暫定的に工程を追加していたりする場合があります。金型の組み付けの不具合で当初はなかったはずのバリが発生し、金型の修正が完了するまで暫定的にバリ取り作業が追加されていたことがありました。そのような、設計者が知らない追加工程が不良の発生原因となる可能性があります。これは基本的には4M変更になり、部品メーカーは設計者に連絡をしなければならないのですが、連絡なく勝手に行われていることはよくあります。

　[2]は製造ラインの工程で行う検査によってNGとなった部品を、どのように処置するかということです。修正すると元の形状に戻らないような部品は破棄しかありません。しかし修正できる部品は修正後に、その工程の前工程に戻して再び製造ラインを流します。廃棄を減らし歩留まりを高めるためです。しかし、このように前工程に戻し、ある工程を重複することによって問題が発生しました。次にそのエピソードを紹介します。

## ●不良品の工程戻しが不良の原因に

　この部品は**図26**のように、アルミの押し出し材の部品に開けた丸穴に埋め込みナットを圧入し、その直後にそれが適切に取り付いているか目視で確認するという工程で造られていました。生産が開始されてしばらくしたとき、埋め込みナットの抜去力が規定値より小さくなっている不良品が出荷検査で見つかりました。抜去力とは埋め込みナットの外れやすさの力です。

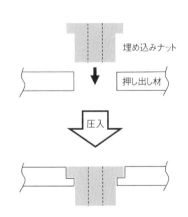

**図26　アルミの押し出し材の部品に埋め込みナットを圧入する工程**

埋め込みナットの種類もそれを取り付ける丸穴の大きさも、生産の開始後に変更はしていません。最初はナットの圧入工程に問題があると考え、その工程の装置や治具を確認してバラツキの発生しそうな箇所には対策をしました。圧入工程でごく稀に作業ミスが発生してナットが斜めに取り付いてしまう場合があったのです。

　しかし、対策後も不良率が下がりません。圧入工程の作業ミスを完全にゼロにはできませんが、それにしても予想より高い不良率が続きます。ナットが斜めに取り付くとナットは押し出し材の部品から取り外されます。そして、その押し出し材の部品のみが決められた前工程に戻されて再度ラインを流れます。検討を進めていくうちに、その再流しした部品に抜去力が小さくなっているものが多く見つかっていたことが分かりました。押し出し材の部品から斜めになった埋め込みナットを取り外し、再度同じ丸穴に新しい埋め込みナットを圧入することによる抜去力の低下が、許容範囲であることは既に確認済です。

　ナットを埋め込むだけの簡単な作業に、なぜ抜去力の小さい部品が生じるのか不思議でなりません。各工程をQC工程図と照らし合わせて詳しく確認したところ、ナットを圧入する工程の前に、丸穴の周囲のバリをヤスリで除去する工程が追加されているのを見つけました（図27）。QC工程図にはない工程です。押し出し材の部品に丸穴を開ける金型に不具合があり、このナットが取り付く丸穴の周囲

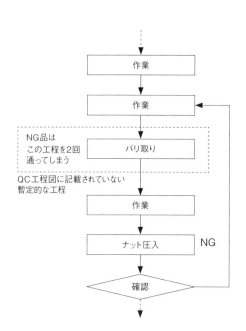

**図27　埋め込みナットを圧入する製造ラインのQC工程図**
ナット圧入後の確認でNGとなった部品をバリ取りの前の工程に戻して
再度流したため、バリ取り作業が2回行われてしまい不良が発生していた。

に微小のバリが発生したため、暫定的に追加した工程だったのです。このヤスリ掛けの工程の後にナットの圧入工程があります。抜去力が小さくなるのは、このヤスリ掛けの工程を2度通過したことが原因だったのでした。

ヤスリ掛けの工程は、丸穴の周囲からバリを除去することだけが目的です。しかし作業者はその目的を理解しておらず、ただ穴の周りを何回か回すようにヤスリ掛けしていました。ナットの圧入工程の後の確認でNGになった押し出し材の部品が再度ラインを流れてきたときにも、穴の周囲をヤスリ掛けします。その結果、2回ヤスリ掛けすることによって穴の内径がわずかに大きくなってしまうことがあり、それが原因で抜去力が小さくなっていたのです。

この問題は、ナット圧入後のNG品を戻す工程をバリ取り工程の後に移動して解決しました。もちろん最終的には押し出し材の部品に丸穴を開ける金型を修正し、このヤスリ掛けの工程はなくしました。

ここでお伝えしたいポイントは次の2つです。不良品を前工程に戻して同じ工程を2度流れると、予想していなかった副作用が発生することがあります。QC工程図をよく確認し、検査工程で不良品が発生した際にどこの工程に戻すかを慎重に検討する必要があります。

そしてもう1つは、QC工程図と実際の工程が合っていなかったということです。暫定的に追加されている工程であり、後にはなくなるので、設計者に連絡するまでもなく、QC工程図にも記載する必要がないと考えていたのでしょう。生産開始時にQC工程図を確認していれば、未然に防ぐことのできたトラブルであったかもしれません。

\ Point /

- **QC工程図と実際の工程が合っているか確認する**
- **検査でNGとなった部品を戻す工程が適切か確認する**

## 8-6 検査工程を深く理解する

　中国の部品メーカーを訪問する際に、私はそのメーカーの製造ラインの作業方法や作業順、使われている治具、加工や組み立てに使う装置をよく確認するように心掛けていました。不良の発生につながるものがないかを探すためです。見つけたらその場で改善を依頼します。あるとき、私の改善依頼に対してラインリーダーからこんな言葉が返ってきました。「改善しなくても検査する（検査を増やす）から問題ない」。きちんと検査するので、不良品が発生しても出荷されないから問題ない、という理屈です。

　私が中国での部品作製に携わった最初の頃は、このように言われると、「不良品が納入されなければ、まあいいか」となんとなく納得していました。しかし、あるときからこのような言葉に決して納得してはいけないと考えを改めるようになりました。それは、検査を増やしても不良品の発生する原因は何も解決されないからです。そこで、「検査は不良の有無を調べて、不良品の出荷を防ぐ工程です。不良を発生させないための品質改善ではありません」と説得し、改善してもらうようにしました。

　製造ラインの作業改善の代わりに検査を厳しくしたり増やしたりするのは、不良率を上げコストアップにつながるだけです。作業改善しなければ、不良品はいつまでも製造され続けます。検査した結果

**図28　板バネの復元力を測定する検査治具**
新規部品のために治具を作製した。

を解析し、その結果を基に製造ラインの作業を改善するのが検査本来の目的です。「検査するから大丈夫」と言って作業を変更したがらないラインリーダーに対しては「検査」の意味をしっかり理解してもらい、作業の改善をしてもらうようにしたのでした。以下では「検査」にまつわるさまざまな注意点に関してお伝えします。

\ Point /

- 「検査する（検査を増やす）から問題ない」は品質の改善ではない

## ●検査工程にもたくさんある治具

検査工程には多くの治具が使われています。例えば**図28**は板バネの復元力を測定する治具です。これは新規部品である板バネの形状に合わせて新たに作製しました。こうした検査用治具を確認した経験がある設計者はあまり多くないかもしれません。

製造ラインの各工程で使用されている治具を確認する必要性については前述しましたが、検査工程においても治具の確認が必要になります。自分の意図した部品の使われ方に即した測定方法になっているかを確認するのです。

検査工程で治具を確認するポイントは、製造ラインの治具とほぼ同じです。「誰が検査」しても「同じ検査」になることです。作業者によって検査方法が異なってしまうと、生産が始まってしばらくしてから不良品が続出しかねません。

作業標準書と同じく、検査にも検査方法の指示が必要です。簡単な内容は図面にも表記しますが、一般的には検査基準書に全ての検査内容を記載します。

> \ Point /
> ・検査工程の治具を把握し確認する
> ・「誰が検査」しても「同じ検査」になるようにする
> ・部品の使用状態に即した検査方法になっているか確認する

## ●員数を数える治具

　ある部品に同じ形状の部品が複数取り付けられていると、その部品の数が足りないという不良がよく発生します。図29は、板金部品に取り付けた複数の埋め込みナットの員数を数える治具です。板金部品の埋め込みナットのある所には板状の治具に穴が開いていて、その穴から埋め込みナットの頭が出てきます。全ての穴から埋め込みナットの頭が出ていることを確認すれば良いのですが、確認漏れをなくすために、穴に番号を振りその番号を順に数えるようにしています。

## ●穴にネジが切ってあることを確認するには

　これと似たような不良として、板金部品にネジを作製するときにタップ加工忘れがよく発生します。小さな穴の内側にあるネジの溝は目視で

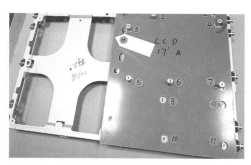

図29　埋め込みナットの数を、振られた番号の順に数える治具

はよく見えず、またネジゲージで1個1個を確認するのはとても時間がかかります。タップ加工が1カ所でしたら、単軸タップマシンで1個ずつタップ加工をすれば問題はありません。しかし複数のタップ加工がある場合は、中国の部品メーカーで

は不良を発生させやすいのです。よって複数のタップ加工がある部品は多軸タッピングマシンを使うようにしましょう。1回の作業で複数のタップ加工が同時にできるので、セッティングさえすればタップ加工の忘れは生じません（**図30**）。

　自動タッピングマシンはタップ加工するドリルタップが複数カ所に自動的に移動してタップ加工を行うため、最後にタップ加工した所だけネジのあることを確認すれば、全部の箇所にタップ加工がされたと判断できるのでとても便利です。

## ●インライン検査を多用する

　中国では**図31**のように明らかに作業ミスと判断されるものでも、何も疑問を持たず次の工程に送っていく作業者が多く見受けられます。よって目視で簡単に確認できるような検査は、インライン検査で全数行うことをお勧めします。

　作業者のスキルに依存しない、「誰が作業」しても「同じ作業」になる

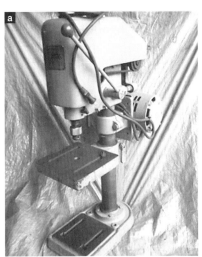

**図30　単軸タップマシンと多軸タップマシン**
単軸タップマシンは1個のタップ加工しかできない(a)。多軸タップマシンは複数のタップ加工を同時にできる(b)。

工程作りが大切であることは何度もお伝えしました。これと同じく検査においても「誰が検査」しても「同じ検査」になることが大切です。検査工程はインライン検査でなければ別の部屋で検査が行われるので、設計者は検査工程の確認を後回しにしがちです。検査が適切に行われなければ不良品は流出してしまいます。ぜひとも検査工程も確認するようにしてください。

\Point/

- 同じ部品が複数取り付く部品は、
  員数を数える治具を作製する
- ネジの有無の検査方法が明確になっているか確認する
- インライン検査を多用する

### ●検査基準書を確認する

部品の「反り」の検査を図面に表記する場合の例を説明しましょう。反りの測定方法は比較的簡単なため、日本の設計者はしばしば「反りは2mm以下のこと」のような文章だけで検査基準の指示をします。しかし、これはNGです。明確な図示がないと「誰が検査」しても「同じ検査」に

図31　ガスケットが明らかにずれていても作業者は気に留めないため、インライン検査を多用する

はなりません。

　具体的には**図32 (a)** で示したように図で測定方法を表記します。この図がないと**図32 (b)** のように、部品を裏返して反りを測定されてしまうかもしれません。設計者の意図しない測定方法で検査をパスしてしまう可能性があるのです。

　図面だけでは表記できないような検査方法の場合は、図面とは別に検査基準書にも詳細を記載します。例えば埋め込みナットの抜去力について検査方法を指示する場合、「抜去力10N以上のこと」と図面に表記すれば十分だろうと思う日本の設計者は多いはずです。抜去力はあくまで「抜く」ときの力なのだから「誰が測定しても測定方法には大きな違いはないだろう」と考えるからです。しかし、中国の部品メーカーの現場作業者は、必ずしも設計者が意図した通りには検査してくれません。誰が見ても誤解がないように分かりやすく明確に検査基準書でも指示する必要があるのです。

## ●想定外の埋め込みナットの測定方法

　私が経験した板金部品に取り付けられた埋め込みナットの検査方法に関するエピソードを紹介します（**図33**）。当時の私は図面に「抜去力10N以上のこと」とだけ表記すれば十分だろうと考えていました。しかし、

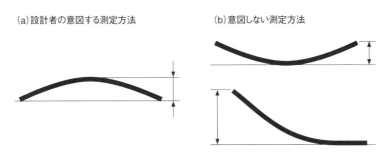

(a)設計者の意図する測定方法　　　(b)意図しない測定方法

**図32　「反り」の検査方法の指示**
設計者の意図する測定方法(a)。このように図示しないと、右側のように設計者の意図しない測定方法で検査される可能性がある(b)。

その考えが間違いだったと気付いた出来事です。

　私が部品メーカーを訪問して検査工程を確認すると、そこでは埋め込みナットが凸になっている方向（図33の上面）からプッシュプルゲージで押して抜去力を測定していました。埋め込みナットの抜去力は、引いた場合でも逆側から押した場合でも、変わりはないだろうと判断されていたわけです。私は、あくまで「抜く力」の測定なのだから、埋め込みナットを垂直に抜く方向に力を加えてプッシュプルゲージで測定してくれるものと想定していました（図34）。

　ところが、部品メーカーでは埋め込みナットを押す方向に力を加えていたのです。しかも、プッシュプルゲージが斜めに傾いた状態で測定されていました。プッシュプルゲージを手に持って押すので、どうしても斜めになりやすかったのでしょう。

　力を加える方向の違いで測定値にどの程度の差が生じるかは分かりませんが、作業者によって測定方法が違うとその差によって製品になっ

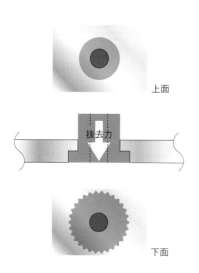

上面

抜去力

下面

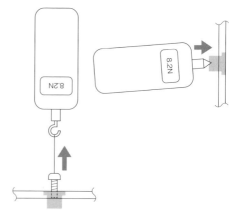

想定していた測定方法　　　　実際行われていた測定方法

**図33　埋め込みナット**
板金部品の下面から差し込んである。この場合の抜去力は、
埋め込みナットに対して下方向へ力を加えて耐えられる力の
大きさとなる。

**図34　埋め込みナットの検査方法**
左が想定していた抜去力の測定方法。埋め込みナットを引っ張って測定する。右が、実際に行われていた測定方法。埋め込みナットを押す方向に力を加えていた。手作業で行うため、斜めに押すように力が加わっていた。

た後に問題が発生する可能性があります。よって、事前にその懸念を回避しておく必要があるのです。また、設計者の意図した通りに試験をしてもらうことも重要です。「誰が検査」しても「同じ検査」にするという考えから、すぐに検査基準書に正しい検査方法を記載してもらいました。

検査基準書には、(1) 測定器名称 (2) 荷重方向 (3) 治具 (4) サンプル数と判定基準の記載が必要になります。特に (1)〜(3) が大切です。測定中の写真を添付すると、間違えない方法で測定してもらえます。

\ Point /

- 検査方法は図面もしくは検査基準書に明確に図示する
- 「誰が検査」しても「同じ検査」になるようにする

## ●出荷検査を商社が代行

私がある部品の作製を、日本の商社経由で中国の部品メーカーに発注したときの事例です。その部品に不良が発生したため、その確認のために中国の部品メーカーを訪問しました。部品メーカーで作業の確認を行い、問題点の改善を依頼しました。

その後、部品の検査工程も確認しようとしたところ、この部品の出荷検査はこの部品メーカーでは行っていないというのです。出荷検査せずに全ての部品を中国にある日系商社に納品し、そこで出荷検査して不良品を選別していたのでした (図35)。

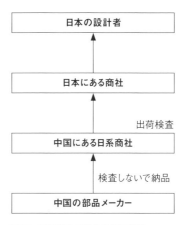

**図35　商社経由の場合の検査作業**
中国のある部品メーカーでは出荷検査せず、中国にある日系商社で出荷検査していた。

商社経由での発注の場合、必ずしも部品メーカーが出荷検査をしているわけではないという事実があることを、ぜひ頭に留めておいてください。検査に問題があると判断した場合は、部品メーカーを訪問する前に「検査はどこで行っているか」を確認する必要があるのです。ちなみにナットのような非常に数の多い汎用品は、中国の部品メーカーでは一切検査せず、全て日本に輸送してから受け入れ側で検査をしているケースもあります。

　検査工程も製造工程の1つです。不良品が発生したとき、どこに確認に行けば良いか分からないのでは困ります。自分の担当する部品が「どこで」「どのように」製造されているかは、必ず確認しておく必要があるのです。

　ここでは検査工程が、中国の部品メーカーで行われていない場合がある事例を紹介しましたが、最終梱包がどこで行われているかも同じことです。日本の商社経由で発注が行われた場合、日本の商社、中国にある日系商社、中国の部品メーカーの役割分担をしっかりと確認するようにしましょう。

\ Point /

・商社経由での発注では、
　検査・梱包などの役割分担を明確化する

## 8-7　梱包形態の確認

　一般的に部品の梱包形態の確認は、あまりすることはありません。私

は日本の部品メーカーでこの確認を行ったことは1度もありませんでした。しかし、中国では必要となります。

## ●梱包の問題での不良品の発生は厄介

生産が始まり、輸送中に梱包材の不具合で部品が変形し納品されてしまうと、それはとても厄介な問題に発展します。明らかに梱包材に不具合が見つかり、不良品の入っていた梱包材と同じ梱包材を使った輸送試験で不良が再現すれば、それは梱包材の問題となり、きれいに解決します。

私の中国での経験では、生産開始の初回の納品に暫定の梱包材を使用する場合が多くありました。生産の開始間際は忙しく、部品メーカーの担当者も部品を依頼する設計者も梱包材まで手が回らず、暫定の梱包材を使用することになってしまうのです。有り合わせのカートンと緩衝材を使用して、暫定の梱包形態で初回の納品分だけ送ってしまうのです。

しかしこのように、生産が開始された最初の納品に暫定の梱包材が使用され、それにより図36のように部品が変形してしまうと、それが暫定の梱包材の問題であるのか、部品の製造上の問題であるか分からない場合がよくあります。暫定の梱包材を事前に確認していることはなく、また有り合わせの材料で作製されているので、原因究明のための輸送試験を行おうにも梱包材を再現できません。そうなると、製造過程で発

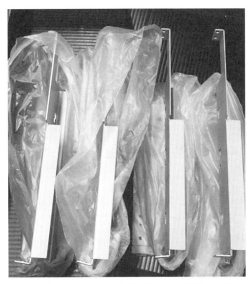

図36　梱包材の不具合で直角曲げ部(写真の下方)が変形してしまった板金部品

生した不良の可能性を考える必要が出てきます。このことから生産開始前までに最終の梱包仕様を確認し、その最終仕様の梱包材でサンプル品の輸送を行い、問題のないことを確認しておくことが必要になります。少なくとも、最初の納品では使用して問題のないことを必ず確認しておきましょう。

### ●輸送試験で貿易の輸送は再現しにくい

　中国で部品を生産して日本に輸送するときは、船便での貿易になる場合がほとんどでしょう。貿易には多くの業者が関係してくるので、たとえ最終仕様の梱包材で輸送試験ができたとしても、不良の再現はしにくいものです。部品の輸送は部品メーカーを出荷してしまったら、別の業者に渡ります。そして飛行場や港でまた別の業者に貨物は引き渡されます。よって、輸送履歴を追ってどこで問題が発生したかを確認しようとしても、関わる業者が多く、その原因究明は不可能に近いです。私は過去にカートンにフォークリフターのフォークのようなものが当たった痕を見つけたことがあり、その輸送履歴を追ったのですが、とても原因究明は無理であったことを記憶しています。また最初の納品は時間が足りないことが多く、航空便になることもあります。航空便の輸送条件は船便よりかなり厳しいことを念頭に入れておきましょう。

**図37　梱包仕様の分かる写真を入手する**

よって、梱包材の不具合によって不良品が発生することは絶対に避ける必要があります。そのためには次のことを実施する必要があります。梱包材も製品の一部です。確認を忘れないようにしましょう。

[1] 最終の梱包仕様図（カートンの図面ではありません）、もしくは梱包形態の分かる写真を入手する（図37）

[2] 生産前のサンプル品の入手時に最終の梱包材を使用し、問題がないことを確認する

[3] 初回納品に最終の梱包材が使用されたことを確認する

[4] 上記の1〜3も日程表に盛り込む

> \ Point /
>
> ・最終の梱包材の仕様を入手する
> ・生産前もしくは最初の納品で問題のないことを確認する
> ・上記も日程に盛り込む

# 第9章

# トラブルを起こさない
# ものづくりの進め方

# 失敗しない
# 部品メーカーの選び方

9-1

　ここからは、中国で部品作製を進めるに当たって、その生産開始までの製品化プロセスで念頭に入れておくべきことをお伝えします。

　初めての部品メーカーを訪問すると、たいていの場合は次のように進行していくと思います。日本語通訳に案内されて、大きくて立派な机のある会議室に通されます。たくさんの人と名刺交換をし、着席するともはや誰がどの名刺の人かよく分からなくなり、そしてお互いのトップ同士の挨拶が始まります。その後、この部品メーカーの紹介を日本語通訳を通してプロジェクターで見ることになります。そしてその内容の簡単な質疑応答の後に工場見学となります。日本語通訳に先導されて、主な工作機械や設備、品質管理部門、設計部門、測定室などを見て回り、元の会議室に戻ってから少々の時間、質疑応答があると思います。そしてその会社を出てから、「あ～、まぁ大丈夫かな」のような漠然とした感想で訪問が終了するのです。だいたいの場合は、部品メーカーが主導する形で訪問を終えます。

　このように漠然とした部品メーカー主導の訪問にならないためには、どうしたら良いかをお伝えしたいと思います。

## ●部品メーカーに到着したら

　まずは会社の受付にあるロゴなどの表示で、目的の企業名であることを確認しましょう。関連会社などに連れていかれないようにしてください。大きな会議室に通された後は、営業や技術リーダー、金型担当、品質担当などと名刺交換をして出席者の担当を明確にしてください。社外の人がいる場合もあります。金型メーカーとか塗装メーカーなどです。そ

れは外注になるということなので、ここでそれをしっかり確認しておき
ます。この後、お互いのトップが挨拶し、会社説明と工場見学になりま
すが、そのときの確認ポイントを以下にお伝えします。

　部品メーカー選定における確認のポイントは、経営的・財務的な判断
や環境基準を順守できるかなどもありますが、ここではエンジニア視点
でのポイントを取り上げます。

- 受付で企業名を確認する
- 名刺交換で担当を確認する
- 社外の人がいたらその役割を確認する

## ●自分が担当する部品が造れるかの確認を怠る

　部品メーカー選定の大切さを知ってもらうために、まず私の"大失態"
であるエピソードを紹介します。私は中国駐在中、日本の設計者と中国
の部品メーカーを橋渡しする仕事をしていました。日本の設計者から図
面を受け取り、中国の部品メーカーと金型作製の打ち合わせをします。
その後、完成した金型での最初の成形、いわゆる「1stトライ」（試作）の
際に設計者と一緒に部品メーカーを訪問して部品を確認。そしてその後
の生産までをサポートするのが役目です。

　ある部品の1stトライを実施した際の出来事です。この部品に関して、
私は1stトライから関わることになっていました。部品は800tの射出成
形機を必要とする約60cm大の樹脂部品だったのですが、中国の購買部
が選定した成形メーカーは、そのときの私の記憶では400tの射出成形機
までしか所有していないはずのメーカーでした。私は、800tの射出成形
機を必要とする部品は成形できないのではないか、と最初に話を聞いた
ときは疑問を持ちました。

念のため購買部にそれを確認したところ、担当者は「800tの成形機を持っていると電話で確認してあるので問題はない」と言います。私は1年間以上、この部品メーカーとは関わっていなかったため、「新たに800tの成形機を購入したのだろう」と納得したのでした。

### ●名前も場所も別の工場に連れていかれる

　1stトライのため日本から設計者が出張してきて、一緒に成形メーカーを訪問することになりました。しかしこの成形メーカーの日本語通訳兼営業の馬さん（仮名）は、私が知っている工場とは別の場所に私たちを連れていこうとします。私は不思議に思い、車中で馬さんに質問したところ、「関連企業です」とか「子会社です」といった説明を返してきました。

　ところが、いざ到着してみると工場の受付には、部品作製を依頼した馬さんの会社とは別の社名が書いてあります（**図1**）。さすがにこれはおかしいと思い、「完全に別の会社ではないのか」と問いただしたところ、「成形する場所だけ借りていて、作業者は自社の社員で成形機も自社のものです」と返してきました。話がころころと変わっていきます。完全に嘘を付いていると感じたので、さらにしつこく問いただしたところ、やはり全くの別会社だということが分かったのでした。依頼した成形メーカーの社員が退職して起業した成形メーカーだったのです。

○×▲有限公司

明らかに会社名が違うぞ…

**図1　知らない成形メーカーに連れていかれる**
協力工場と言われて到着してみると、明らかに異なる社名だった。

全く知らない成形メーカーで部品を造るわけにはいかないので、既知の成形メーカーに金型移管することを考えました。しかし生産開始はおよそ1カ月後に迫っており、1stトライはこれからすぐに始めなくてはならないので、今さら成形メーカーを探し直す余裕はありません。この連れていかれた成形メーカーは、購買部が正式に認定した取引先ではありませんが、馬さんの会社を経由して購入していると考えれば問題ないのではとも考え、日本から出張してきた設計者の意見を聞きました。

　すると、設計者はしばらく考えてから「やはりここでは生産できない」と言い出したのでした。理由は、この工場がUL認定工場＊でなかったからです。実は、今回の部品は医療用製品の部品でした。そのため、UL認定工場で生産される必要があったのです。部品の裏面にはUL認定工場で製造された証となるメーカーコードの刻印が必要です。ところが、連れていかれた成形メーカーはUL認定工場ではなかったのでした。

　そこからが大変です。成形メーカーを変更しなければならなくなりました。私は既に取引のある別の成形メーカーに頼み込み、1週間かけて金型の移管を行いました。なんとか生産開始には間に合いましたが、とても大変な作業でした。その後、これは大きな問題として社内で取り上げられる結果にもなってしまいました。

　私は1stトライからの担当だったので成形メーカーの選定には関わっていません。しかし、担当となった段階で成形メーカーを訪問し、800tの成形機を持っているかを確認していれば、このような問題に発展しなかったのです。

　この問題の発端は、依頼した成形メーカーが自社を退職して起業したばかりの社員に仕事を回してあげたかったということでした。購買部の担当者もこのことは知っていたかもしれません。しかしULの件は知ら

＊ UL認定工場
米国の認証企業 保険業者安全試験所（UL＝Underwriters Laboratories LLC）が策定・認証する製品安全規格（UL規格）を満たす製品を作る能力があると認定された工場。UL規格は材料・装置・部品・道具類などから製品に至るまでの機能や安全性に関する標準化を目的とする。

なかったのでしょう。

　自分の担当する部品が「どこで」「どのように」製造されるかを確認する大切さを、身に染みて感じた出来事でした。

> \Point/
> ・自分の部品の全工程が「どこで」「どのように」製造されるかを知る

### ●部品メーカーを選定する3つのポイント

　さて、ここからは私が中国の部品メーカーを選定もしくは適不適を判断する際に、確認すべきだと考えるポイントについてお伝えします。部品メーカーの工場内を日本語通訳に案内してもらうと、いろいろな部品や設備、装置があるため、どうしても漠然と見て回りがちになってしまいます。そこで私は「これから依頼する自分の部品を造れるか」だけをポイントに、見て回るようにしています。そのポイントは主に次の3つとなります。

　[1] 技術的なポイント
　[2] 品質的なポイント
　[3] 実務的なポイント

> \Point/
> ・部品メーカーの見学は「これから依頼する自分の部品を造れるか」を念頭に見て回る

●**技術的なポイント**

技術的なポイントとしては次の4つがあります。

[1] 成形・プレス・鋳造機のサイズ、装置はあるか
[2] 金型を作製・修正できるか
[3] 測定・検査はできるか
[4] 2次加工は何を外注するか

　[1] は冒頭で紹介した私の体験のように、これを怠ると大きな問題に発展する可能性があります。当たり前といえば当たり前なのですが、それだけに大切なポイントと言えるでしょう。また、溶接などの2次加工で使用する装置があるかも忘れずに確認しましょう。

　[2] の金型に関しては、その作製を必ずしも自社内でできる必要はありません。しかし、金型を修正できることは必須と考えます。部品のトライ後に不具合が見つかって金型を修正しなくてはならなくなった場合、その部品メーカーで金型修正ができれば、その日中に修正品を確認できます。しかし金型修正を外注する場合は金型輸送の手配から始まるため、修正品の確認は最短でも2日後になってしまいます。それでは、トライのために日本から出張してきた設計者は、滞在中に業務を終えることがなかなかできません。

　[3] の測定や検査についても金型修正と同じ理由です。例えば、何らかの修正を急いで完了させたとしても、その部品を測定できるサイズの3次元測定器がその部品メーカーになければ、別の工場の測定器を借りる必要があります。それが使用中であれば、測定だけで半日以上待つケースも出てきます。せっかく部品の修正を早く完了させたのに、これでは意味がありません。大型の3次元測定器や特殊な測定器が必要な部品は事前の確認が必要です。

　[4] の2次加工についての確認は、中国において特に大切になるポイ

ントです。日本ではある部品の作製を部品メーカーに依頼した場合、その部品メーカーの窓口の担当者に全ての情報を伝えていれば、問題なく部品は出来上がります。例えば、スポット溶接のある部品で溶接の工程がその部品メーカーから外注されていたとしても、依頼した私たちがそれを知らなくてもまず問題は起こりません。

しかし中国では、外注された部品がその外注先で不良を起こす場合が非常に多くあります。つまり、中国の部品メーカーに製造を依頼した場合、どこまでの工程をその部品メーカー自らが行い、どの工程を外注するかを確認しておく必要があるのです。

それを把握しないまま、生産後に不良が発生した場合、私たちはどこのメーカーに確認すべきかヒアリングするところから始める必要があります。問題が起こってからでは、外注先の存在を知るのがなかなか難しいのです。それはミスを隠したがるからです。そのために原因究明と対策に、より多くの時間を費やす結果となります。

外注する2次加工の中でも、部品の形状を決める工程、例えば切削加工や溶接などは自社でできるに越したことはありません。前述した理由と同じで、外注されているといくら急いで部品を修正しても、最終的な修正品の作製には部品を外注先まで輸送する必要があり、それに数日を

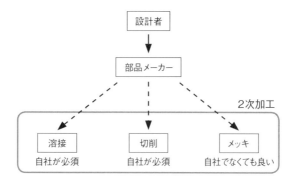

**図2　部品メーカーから外注される2次加工**
2次加工がどこに外注されているかを知らないと、不良発生の原因究明に時間がかかる。また、形状を決める2次加工は自社で行いたい。

費やしてしまうからです。ただし、塗装や印刷に関しては外注でも仕方がありません。塗料やインクを扱う作業は、環境的にどこでもできるわけではないからです（図2）。

Point

- 対象部品の成形機のサイズ、装置があること
- 金型修正できること
- 対象部品の測定・検査装置があること
- 部品の形状を決める2次加工は社内でできること

●品質的なポイント

品質的なポイントは次の2つです。

[1] 金型や自社製品在庫、材料などの保管状態と作業場の整理整頓
[2] 製造現場の他社部品や展示品の確認

[1]の保管状態や整理整頓は基本的なことです。ほぼ野外に放置された金型、整理整頓されてない作業現場、潰れたカートン、封をしていない材料袋などが見受けられる工場では、良い品質の部品は生産できません（図3）。

この状態を改善するように部品メーカーの担当者に忠告して、その場では言われた通りに改善してくれたとしても、たいてい次回訪問したときには元の悪い状態に戻っています。部品メーカーの社長やオーナーが悪い状態を放置している会社は、社長やオーナーが変わらない限り、外からのアドバイス程度では何も変わらないのです。いわゆる4S（整理、整頓、清潔、清掃）はそのまま部品の品質に現れます。製造現場はもちろんのこと、事務所や倉庫も併せて確認しましょう。

[2]の他社部品の確認は、その部品メーカーの実力を知るのに、最も

簡単な方法です。設計者であれば、他社の部品を見ただけでその部品メーカーの実力を把握できると思います。製造現場であれば、2次加工前の成形直後の部品も見ることができるので、より実力を把握しやすくなります。しかし他社の部品を見せてもらう場合は、もちろん日本語通訳にお断りをしてからにしましょう。

展示品については、希にその訪問した工場でないところで製造した部品もありますので、注意しましょう。

- 製造現場、事務所、倉庫の4Sを確認する
- 他社部品の品質を確認する

### ●実務的なポイント

ここまで、技術面および品質面での確認ポイントについてお伝えしてきました。中国の部品メーカーを選定する際には、これら以外にも確認

**図3　部品メーカーを確認する品質面のポイント**
工場の現場を確認し、野外に保管された金型、潰れたカートン、封の開いた材料袋などがあれば注意が必要となる。

すべきポイントはあります。それは実務的な面での確認です（**図4**）。

- ［1］組立メーカーに近いこと
- ［2］日本語通訳が常駐していること
- ［3］保税工場であること(依頼する部品による)
- ［4］UL認定工場であること(依頼する部品による)
- ［5］見積明細書を出してくること
- ［6］特定のメーカーの部品を主に生産していないこと
- ［7］最初の会議で社長が出てくること

　［1］は部品メーカーの場所です。製品の組立メーカーが中国にある場合、部品メーカーと組立メーカーの距離が近いに越したことはありません。現地駐在者や日本からの出張者は、その組立メーカーを拠点として活動するからです。部品メーカーが近ければ部品の輸送費が安くなるメリットもありますが、部品の作製過程での打ち合わせや、納入された部品に問題が起こった際に部品メーカーを訪問しやすいというメリットが大きいのです。エンジニアが部品メーカーを訪問する大切さは、これまでもお伝えしてきました。部品メーカーまで車で5時間かかる、飛行機を使用しなければ行けないとなれば、部品メーカーへの訪問がおろそかになってしまい、それはつまり品質の低下につながります。

**図4　実務面でのチェックポイント**
組立工場からの距離や日本語通訳の有無も確認すべき。

[2]の日本語通訳が常駐しているかどうかも大切なポイントとなります。私はかつて、ある部品メーカーから「アルバイトで通訳を雇いますか」と聞かれたことがあります。その部品メーカーには日本語のできる人がいなかったのです。しかし部品メーカーで金型を作製する場合、最初の打ち合わせから生産開始まで通常3カ月以上を必要とします。日本語通訳が毎回異なるアルバイトでは、打ち合わせのたびにそれまでの経緯を最初から説明する必要が生じてしまい、手間がかかってしまいます。

　[3]の保税工場であるかどうかは、部品のコストに関係してきます。保税とは、中国以外から材料を輸入して部品を製造し、それらを使用した製品を中国以外に輸出する場合、保税の認可を受けた部品メーカーでその部品を製造していれば、部品の材料費に関して中国当局から関税を還付してもらえるメリットを受けられるものです。そしてそれは、部品コストに反映されるのです。

　[4]のUL認定工場であるかどうかの確認が必要な場合があります。特に、特殊な塗装やメッキのある部品、医療用機器などの部品を生産する際には確認が必要です。米国には、認定を受けていない工場で製造した部品を使用した製品を販売できない州があるからです。

　[5]は部品の見積取得時に見積価格だけの提示ではなく、材料費や加

**図5　見積明細書が必要な理由**
コストダウンの効果を知りたくても、日本語通訳を介した交渉では日本人の言い分を理解してもらえない場合が多い。

工費、不良率が計算された見積明細書を提出してくれるかどうかの確認です。見積明細書が提出されないと、部品価格の内訳を全て中国メーカーに握られてしまい、その後のコスト交渉ができません。

　見積明細書がないと、例えばコストダウンのために塗装を削除したとしても、そのコスト削減効果の金額を把握できません。再見積もりでコストダウンの金額に納得がいかなかった場合、日本だったら電話での話し合いでたいてい解決できます。しかし中国の部品メーカーとではそれがとても難しくなります。日本語通訳に直接電話をしても、こちらの言い分を理解してもらえなかったり、日本語通訳が価格決定に関わっていなければ、その通訳はただの伝言者となり、交渉にならなかったりします（図5）。よって後からもめないためにも、見積明細書を提出してもらえるかどうかを確認するのです。信頼関係を構築するためにも必要となります。

　これら以外にも、[6] 部品メーカーの取引先が1〜2社に限定されていない、[7] 最初に訪問したときの会議で部品メーカーの社長が出席する、なども私は確認していました（図6）。例えば、売り上げの90%近くが特定の企業に集中しているような部品メーカーでは、私たちの依頼は後回しになりがちです。[7] の社長の出席は、その部品メーカーの本気度を

**図6　最初の会議に社長はいるか?**
部品メーカーでの最初の会議で社長が出席いるかどうかは、先方の本気度を知るバロメーターとなる。

うかがい知ることができます。また、社長が出席している会議で取り決められたことは、他のリーダーや担当者レベルだけとの間での取り決めと比較して、重要度が高くインプットできます。

> **Point**
>
> ・組立メーカーに近いこと
> ・日本語通訳が常駐していること
> ・保税工場であること（依頼する部品による）
> ・UL認定工場であること（依頼する部品による）
> ・見積明細書を出してくること
> ・特定のメーカーの部品を主に生産していないこと
> ・最初の会議で社長が出てくること

## 9-2 現地調達部品にこだわらない

　新機種を設計する場合、価格の高い外装部品などを中国やアジア圏の国々から調達して製品のコスト低減を図るのは一般的です。ましてや製品の組み立てを中国で行う場合、なるべく多くの部品の現地調達を目指します。ほとんどの日本のものづくり企業が「現地調達率85％達成」などの目標を掲げているはずです。

　現地調達する部品としては、新規に作製する部品もありますが、ビスやナット、ハーネスや基板のホルダーなどの汎用品（カタログ品）もあります。しかし中国駐在時から私は、この汎用品についてはあえて現地調達にこだわっていませんでした。

それは次の3つの理由があるからです。

[1] 模倣品によるトラブルの危険性がある
[2] 日本から直輸入した方が安い場合がある
[3] ほとんど日本製でも中国製になってしまう

## ●現地調達のインサートナットが外れやすい

私が中国に駐在し、日本の設計者と中国の部品メーカーとの橋渡しの仕事していたときのエピソードを紹介します。当時、私はプロジェクターの製品化に携わっており、その製品は日本で設計と試作を行い、中国で生産するというものでした。

生産開始が間近になり、この製品の樹脂製の底カバーの承認部品が成形メーカーから私の元に送られてきました。承認部品とは、生産の開始前に部品メーカーから送られてくる「量産品と同等のサンプル品」のことです。これを設計側で承認すると、この部品の生産が開始されます。この底カバーのほぼ中央には4個のインサートナットが溶着で埋め込まれていました（**図7**）。

このインサートナットの役割は、プロジェクターを逆さにして天井から吊り下げるときの金具を取り付けるためのものです。私は底カバーの承認部品の主だった寸法や外観、他部品との嵌合具合などを確認した後、インサートナットの抜去力を測定しました。抜去力とは、インサートナットを底カバーから無理やり引き抜いて外すのに要する力です。

底カバーの図面に表記されている抜去力の値を満足することは当たり前ですが、承認部品での確認で大切なことは、試作部品

**図7　一般的なインサートナット**
樹脂部品に埋め込んで使用する。

の抜去力との比較です。さまざまな強度試験を試作部品で行っているので、もし承認部品の抜去力が試作部品の抜去力より低い値であると、強度試験のやり直しが必要になってきてしまうのです。

　私は、既に日本から入手してあった試作部品と抜去力の比較をしました。すると、驚いたことに承認部品の抜去力が試作部品より大幅に低かったのです。抜去力に差異があった原因としては、下記が異なると考えられます。

[1] インサートナットを埋め込む穴の形状
[2] 溶着の条件
[3] インサートナットの形状

### ●穴の形状も溶着条件も原因ではない

　早速原因を究明するため、まずはインサートナットを埋め込む穴の形状を測定することにしました。試作部品の底カバーの単品（インサートナットの無いもの）は既に持っていたので、承認部品と同等の底カバーの単品を数個入手し、それぞれを測定したのです。

　あるべき穴の形状と寸法は、インサートナットのメーカーのカタログ

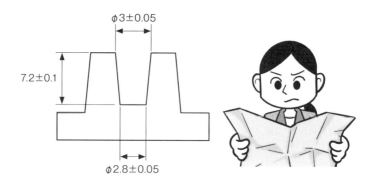

**図8　インサートナットを埋め込む穴の形状指示**
インサートナットのカタログでの推奨寸法と図面に表記されている寸法は同じだった。

に推奨寸法として記載されており、図面に表記されている値もそれと同じでした（**図8**）。具体的には、穴の上端と下端の直径、深さの寸法とそれぞれの公差が指示されています。

この寸法を参考に、試作部品と承認部品の穴形状の寸法を測定しました。すると、図面表記を満たしているだけでなく、両者には全く差はありませんでした。試作部品から承認部品ができるまでの間に、この穴の形状に関わる金型変更や成形条件の変更はなかったと判断できます。

次に溶着する条件に変更がなかったかを確認しました。溶着条件によっても抜去力が変わる可能性があると考えたからです。たまたま試作部品で使われたインサートナットが私の手元にたくさんあったので、これを使って実験してみました。

当時、溶着機は私の職場になかったため、はんだゴテを用いて実験をしました。はんだゴテの温度やインサートナットの挿入スピードを何通りかに変えてインサートナットを溶着してみたのです。しかし、どのように条件を変えてもインサートナットの抜去力には影響は出ませんでした。

## ●インサートナットの形状が微妙に異なる

2つの可能性が消えたので、残るは1つだけです。使用したインサート

**図9　インサートナットの顕微鏡写真**
試作部品で使われていた日本製のインサートナット（左）と、承認部品で使われていた中国製のインサートナット（右）では、らせん形状が円弧状か台形かで異なる。このわずかな違いが抜去力の差になっていた。

ナットが試作部品と承認部品で異なるとしか考えられません。承認部品で使われているインサートナットと試作部品で使われているインサートナットを詳細に比較してみることにしました。

　承認部品のインサートナットは底カバーに埋め込まれているものしかなかったので、底カバーからほじくり出し、付着した樹脂を取り除き、試作部品用のインサートナットと見比べてみました。一見したところ形状に差異は見つけられません。しかし、これらに差異があるとしか考えられないので、顕微鏡を使って確認しました。すると微妙ではありますが形状に差異が認められたのです（図9）。樹脂に食い込むらせん形状が、試作部品のインサートナットでは円弧状になっていますが、承認部品のインサートナットでは台形になっていました。

　同じ型番のインサートナットの形状がなぜ違うのか。私は承認部品で使われたインサートナットの購入ルートについて調査することにしました。

## ●模倣品を作製し同じ型番で販売していた

　試作部品に使われていたインサートナットは、ある日本のメーカーのオリジナル品です。試作部品では、設計者がこのメーカーからインサー

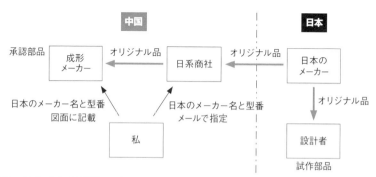

**図10　インサートナットの購入ルート**
試作部品は日本のメーカーから直接購入して取り付けていた。一方、承認部品は成形メーカーが中国の商社経由で購入している。その際、成形メーカーにも商社にもメーカー名と型番は図面とメールで指定している。

トナットを直接購入し、自身で溶着していました。

　一方、承認部品を造ったのは中国の成形メーカーです。私は、この成形メーカーに試作部品と同じ日本のメーカーのインサートナットを購入し、溶着してもらうよう手配していました。成形メーカーにはインサートナットのメーカー名と型番を表記した図面を出図し、購入する際の日系商社も私が指定しました。もちろん、この商社にもメーカー名と型番を伝えてありました（**図10**）。

　この通りに事が運んでいれば、何の問題もないはずです。ところが、調べを進めていくうちに驚くべき事実が明らかになったのです。この商社が、インサートナットの模倣品を中国の別のメーカーで製造し、オリジナル品の日本のメーカー名と型番で成形メーカーに販売していたのです（**図11**）。

　実はこの商社、今回使用したインサートナットを含むこの日本のメーカーの部品を中国で販売する権利を得ており、らせん形状の詳細寸法のない簡易的な図面を入手していました。おそらく受け入れ検査のためのものですが、その図面で模倣品を製造していたのです。この商社の主張は、「同じ図面から作製しているので、日本のメーカーの名称と型番で販売しても問題ない」というものでした。区別する必要があれば「中国製」もしくは「日本製」を付け加えてほしい、と言うのです。しかし、これはこの商社の逃げ口上であって、恐らく日本のメーカーの日本製のオリジ

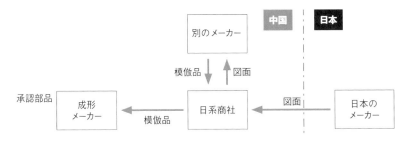

**図11　承認部品で使われていたインサートナットの実際の購入ルート**
日本のメーカーから入手した図面を使い、商社が中国の別のメーカーに造らせた模倣品を成形メーカーに販売していた。

ナル品と偽って販売していたのでしょう。

　では、この模倣品の抜去力が小さい原因はどこにあったのか。前述のように、インサートナットを顕微鏡で確認したところ、樹脂に食い込むらせん形状が試作部品（日本製の正規品）では円弧状だったのに対し、承認部品（中国製の模倣品）では台形になっていました。日本のメーカーに電話で確認したところ、この円弧状こそが抜去力を向上させるポイントだということでした。この加工には特殊なノウハウが必要で、製造工程が複雑になるためコストアップにはなりますが、抜去力を高めるためには不可欠だといいます。一方、承認部品のインサートナット（中国製の模倣品）は既にらせん形状のある長い丸棒材を旋盤で切削加工しただけのもので、安価に製造できます。日本のメーカーの担当者は「このような模倣品は中国に限らず、日本国内でも多く出回っている」と実情を教えてくれました。

### ●図面表記の不明確さがトラブルの一因

　今回のトラブルを招いた原因は2つあります。まず、図面への表記が不明確だったこと。そして、試作部品と承認部品で違う部品を使用した点です。

　実は、図面には「○○製作所　A-123相当品」と表記されていました。つまり試作部品では設計者は「A-123」を使い、承認部品では成形メーカーは「A-123相当品」を使用したのです。あくまで「相当品」の指示なので、図面の表記通りという点では、成形メーカーと日系商社には非はありません。

　日本で試作部品と承認部品を作製するのでしたら図面に「～相当品」と表記しても、同じメーカーから購入する場合がほとんどです。しかし中国の部品メーカーに出図する図面に「～相当品」と表記していると、そうはならない場合があります。日本と中国では部品調達先が異なるからです。

その意味で、試作部品と承認部品で異なる部品が使われる余地がある「相当品」というような曖昧な指示は図面に書くべきではありません。

また、今回のトラブルは、中国製の模倣品そのものが直接の原因とは言い切れません。なぜなら、たとえ抜去力が小さくても、試作時から中国の模倣品を使用して試験し、強度的に問題がないと確認していれば、それで良かったからです。試作部品と承認部品で違う部品を使用し、抜去力に差異が出たことが問題であったのです。

このような理由で、試作と生産（承認部品）では同じ部品を使用する必要があります。一般的に日本国内の企業が日本で試作する際に、中国製の汎用品を入手するのは難しいです。そのため、中国で生産するからといって安易に現地調達しようとするとトラブルにつながりかねないのです。

\ Point /

- 図面や仕様書に「〜相当品」は表記しない
- 汎用品であっても試作と生産では同じメーカーから購入する

### ●日本から直輸入した方が安い場合がある

日本製の汎用品を日本のメーカーから購入すれば前述した問題は解決しますが、輸送によるコストアップの懸念が残ります。中国の組立メーカーが日本製の汎用品を購入する場合の2つのルートで考えてみましょう（図12）。

1つは、日本の汎用品のオリジナルメーカーから直接貿易によって組立メーカーが購入するルート、もう1つは、日本のオリジナルメーカーの現地法人や商社を経由して購入するルートです。前者の場合はその汎用品は日本製として購買システムに登録されます。しかし後者の場合、組

立メーカーの購買システムによって異なるかもしれませんが、一般的には現地法人から購入しているので中国製として登録されます。

　つまり、全く同じ部品であっても日本製と中国製の2つのパターンが存在するのです。これらの汎用品の単価は、日本製の場合は貿易で混載する他の部品を併せた輸送量によって変動し、中国製の場合はその汎用品の中国での流通量によって変動します。一概にどちらが安いかは分か

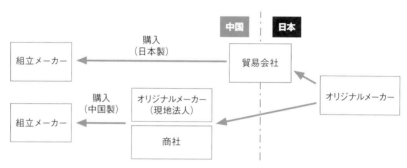

**図12　日本製の汎用品の購入ルート**
日本のメーカーから直輸入する方法と、中国の現地法人や商社から購入する方法がある。後者は中国製部品となる場合が多く、現地調達率は向上するが、必ずしも低コストになるわけではない。

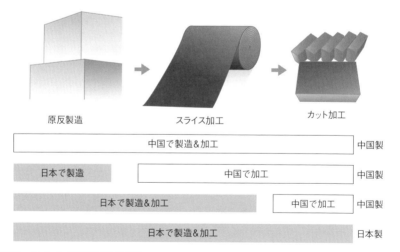

**図13　クッションの製造工程と生産地**
原反製造とスライス加工、カット加工の全てを中国で行わなくても、最後のカット加工を中国で行えば中国製となる。日本と中国に製造工程が分かれていると、日本で全て製造した日本製よりも高コストになる場合もある。

りません。

　ここでお伝えしたいのは、現地調達品（登録上の中国製）だからといってコストが必ずしも安くなるわけではないという点です。場合によっては、日本から直輸入した「日本製」の方が安くなる場合もあります。日本製、中国製という言葉に惑わされずに、見積もりで価格を比較した上で選択する必要があるのです。

### ●ほとんど日本製でも中国製になってしまう

　部品調達における日本製と中国製という言葉の意味について、もう少し考えてみましょう。例えば、クッションの場合、その製造工程は「原反製造」→「スライス加工」→「カット加工」となります（**図13**）。

　この全ての工程が中国で行われていれば、それはもちろん中国製です。しかし最後のカット加工の工程だけでも中国で行えば、それも中国製になります。カット加工だけ中国で行って、中国製の現地調達品とするよりも、全ての工程を日本で行い、日本製として中国に輸入した方が安い場合もあります。もちろんこれも、輸送量や加工メーカーでの加工コストによって変わってきます。しっかりと価格見積もりをして安くなる方を選択する必要があります。

　汎用品を現地調達する際に気を付けるべき模倣品のトラブル事例とともに、現地調達における「○○製」の本質についてお伝えしました。現地調達の目的はコスト低減であり、現地調達率のアップではありません。現地調達率という言葉にこだわり過ぎて、品質上のトラブルを起こしたり、コストアップしたりしてしまっては意味がないのです。

＼ Point ／

・**汎用品は現地調達にこだわらず、しっかりとコストを比較する**

# トラブルを生む
# 曖昧な図面とは

　私たち日本人は日ごろはほとんど意識していませんが、実はとても曖昧な言葉や文字で仕事を進めています。例えば、打ち合わせにおいて「その辺りはご配慮いただければ…」と言ったり、メールで「スムーズに開閉できるよう…」と書いたりします。しかし、中国人やその他の外国人と仕事上のやり取りを行う場合、このような曖昧な表現はトラブルの原因になってしまうのです。

　日本人同士であればこのような表現をしても、お互いに同じような価値観で仕事をしているので、曖昧な部分は共通の知識や認識、理解で補います。また、その価値観に微小な差があると感じたら、「あうんの呼吸」で相手の気持ちを推し量ります。それでも差があると感じたら、電話で確認をします。

　しかし、中国人やその他の外国人が相手となると、なかなかそうはいきません。打ち合わせ、電話、メールが少ないのが実情だからです。次に、中国でのトラブルにつながりやすい日本の設計者の図面の曖昧な表記についてお伝えします。

●図面や仕様書の曖昧な表記は大きく6種類

　図面は誰のために描くのでしょうか。主には部品を作製する部品メーカーの担当者（金型作製や加工プログラム作成の担当者など）、そして部品を測定・検査する担当者のためです。それ以外にも、部品を発注する購買担当や製造技術担当なども図面を見るでしょう。さまざまな人が図面を見るに当たり、中国でのトラブルの原因となりやすい表記を分類すると大きく6つに整理できると私は考えています（図14）。

[1] 部品メーカーに選定や判断を委ねた表記
[2] 部品メーカーの感覚的な経験値に頼った表記
[3] 検査方法が分からない表記
[4] 誰もが同じ方法で測定できない寸法表記
[5] 管理寸法のない図面
[6] 中国人の苦手なカタカナ表記

　図15は板金部品の図面の例ですが、この中には曖昧な表記が数多く含まれています。このままでは中国でトラブルが発生する可能性はかなり高くなります。以降では、中国でトラブルを引き起こしやすい図面や仕様書の表記について、1つずつ説明していきます。

●部品メーカーに選定や判断を委ねた表記

　図15の図面で、左上のナットの名称の後にある「～相当品」と左下のダボの指示にある「～一任」という表記があります。これらは[1]部品メー

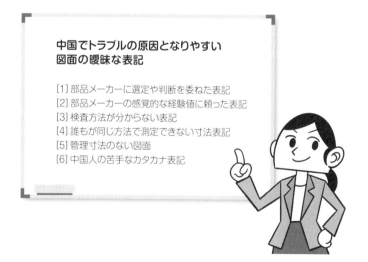

図14　図面や仕様書のありがちな曖昧な表記は大きく6つある

カーに選定や判断を委ねた表記に当たります。

　私は若い頃、図面にこれらのような表記をよくしていました。「〜相当品」の表記は、ビスなどのようにJIS（日本産業規格）やISO（国際標準化機構）の規格で仕様が規定された汎用品や、樹脂製の基板ホルダーのようにメーカーによって形状に大差のない汎用品を指定するときによく使用されます。

　部品メーカーが汎用品を購入して新規に作製する部品に取り付ける場合は、部品メーカーは自社独自の調達先から購入します。そのため、図面を描く設計者は「汎用品はどのメーカーでも形状・仕様がほぼ同じなので、（部品メーカーの）都合のよいメーカーから購入してください」という配慮から「〜相当品」と指示しているのです。日本で試作から生産までを行う場合は、試作部品にも量産部品にも同じメーカーの汎用品が取り付けられる場合がほとんどです（**図16**）。

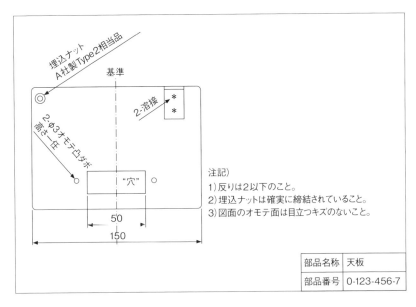

| 部品名称 | 天板 |
| --- | --- |
| 部品番号 | 0-123-456-7 |

注記）
1）反りは2以下のこと。
2）埋込ナットは確実に締結されていること。
3）図面のオモテ面は目立つキズのないこと。

**図15　曖昧な表記が多い図面の例**
板金部品の図面だが、中国でトラブルを引き起こしやすい曖昧な表記が多く見られる。

しかし日本で試作、中国で生産を行う場合は事情が異なります。試作部品については図16と同じく日本のメーカーから汎用品を購入しますが、量産部品については中国のローカルメーカー製の「相当品」を購入する場合があるのです (**図17**)。

残念ながら中国のローカルメーカーの汎用品には、品質の劣る模倣品があります。そうでなくても形状や寸法のわずかな違いが、取り付け強度などの仕様や品質に影響を及ぼす可能性もあります。決して模倣品が悪いわけではありません。インサートナットなどは模倣品が日本にも多く流通しているとのことです。試作から生産まで、指定した模倣品を

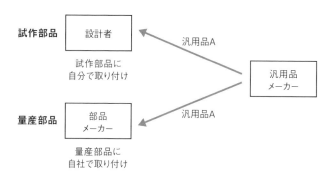

**図16　日本で試作と生産を行うと、試作部品と量産部品で同じメーカーから汎用品を購入**

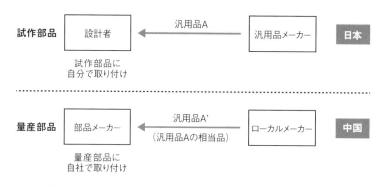

**図17　日本で試作、中国で生産を行うと、試作部品と量産部品で違うメーカーから汎用品を購入することとなる**

使用していれば問題はありません。試作部品と量産部品で異なる汎用品を使用してしまうことが問題なのです。

　この対策としては、1つは日本での試作と中国での生産で同じ汎用品を購入できるように、中国の部品メーカーに話をして購入ルートを決めておくことです。もう1つは図面の「〜相当品」の表記はなくすことです。

　「〜一任」については、板金部品のダボ高さを例にして説明します。ダボ高さはプレスメーカーの技術力や所有している装置によって寸法が変わってきます。そのため、それを配慮して「ダボ高さ一任」と表記する場合があるのですが、それでも日本の板金メーカーではダボの機能を十分に果たせる高さを確保してくれます。ところが中国の板金メーカーに「ダボ高さ一任」としてしまうと、設計者が想定していない不十分な高さのダボができてしまう可能性があります (**図18**)。ですから、中国の部品メーカーに出図する図面には明確に高さを指定する必要があるのです。もし高さが分からなければ、中国の部品メーカーとの事前の打ち合わせで相談して決めましょう。あくまで主導権は自分にあることを忘れないようにしてください。

　「〜相当品」や「〜一任」などのように部品メーカーに選定や判断を委ねると、想定外の寸法や形状の部品ができてしまったりします。よって、「〜

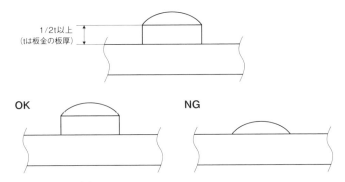

**図18　板金部品におけるダボの高さ**
上の図のようにダボの高さを数値で指示しないと、想定外のダボ高さになってしまう。左下が設計者の想定しているダボ、右下が曖昧な表記の図面を見て中国の板金メーカーが作製するダボ。右下の図のダボは役目を果たさない。

相当品」ではなく「○○社製 Type No.A-012を使用のこと」、「〜一任」ではなく「高さ1mm以上のこと」と表記するのが良いでしょう。自分の設計する部品に、部品メーカーに判断を委ねる表記はしてはなりません。

・「〜相当品」「〜一任」の表記はせず、
　具体的に指示をする

## ●部品メーカーの感覚的な経験値に頼った表記

　次に、図15の注記にある「確実に締結されていること」と「目立つキズのないこと」という2つの表記について考えてみましょう。日本の設計メーカーは長い付き合いの部品メーカーを数多く抱えています。私が日本で設計をしていた頃に、私が勤めていた企業の部品の作製を20年以上にわたって請け負っている部品メーカーの担当者がいました。その担当者は、「確実に締結」と図面に表記されていれば「○○N」が必要である、「キズのないこと」と表記されていれば、どのくらいの大きさの傷までなら最終製品として問題ないといった「設計者の意図」を熟知していました。つまり「確実に締結されていること」や「目立つキズのないこと」という図面表記でも、過去の経験からそのレベルを適切に判断し生産をしてくれていたのです。

　しかし中国で部品を作製する場合、その部品メーカーとの取引期間は短いか、もしくは初めてだと思います。このような部品メーカーに対して、日本でのような部品メーカーの経験値に頼る表記は通じません。また、日本のように簡単に電話で確認し合ったり、打ち合わせで現物を確認し合ったりすることもできません。よって部品メーカーの担当者は独自の感覚による判断で部品を作製するしかないのです。そうなると、完成したサンプル品を見た日本の設計者は、その感覚の違いに「普通〜の

ハズ」となってしまうのです。

では、どう対応すればよいのか。例えば「確実に締結されていること」は「抜去力は○○N以上のこと」と表記し、「キズのないこと」は「傷検査シートの○○を参照のこと」として定量的に表記するのです **(図19)**。定量的な表記ができないものに関しては、限度サンプルを作製してそれを部品メーカーと共有するようにしてください。

実は、部品メーカーの経験値に頼った表記をしてしまう理由は、日本の設計者の技術レベルの低さにも原因があります。経験の浅い設計者は例えば必要な強度が分からず、過去モデルと同じ締結方法を表記していれば部品メーカーは問題なくうまい具合に部品を造ってくれるだろうと思い、強度を指定せずに「確実に締結」で済ませてしまうのです。中国では部品メーカーの経験値には頼れません。必ず定量的に指示をするようにしましょう。

### ●検査方法が分からない表記

先ほど「抜去力は○○N以上のこと」と具体的に表記すべきだと書きましたが、実はこれだけでは不十分な場合もあります。それは、検査する方法が分からないことです。必ず検査方法を指示してください。検査方法がJISなどで公開されているものでしたら「JISの○○参照のこと」と表記し、独自の検査方法を定めるのなら、図示できるものは図示し検査基準書にも記載を依

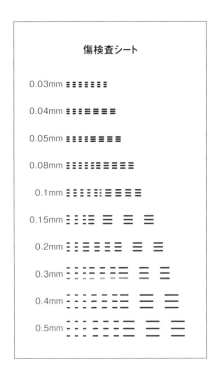

**図19　傷検査シートで傷の大きさを定量的に表す**

頼しましょう。反りの測定方法のように簡単なものでしたら、図面にも測定方法を表記しましょう（図20）。

---

Point

- 部品メーカーに感覚的な判断をさせない
- 感覚的な判断のあるものは、定量的な基準を作り、表記する
- 定量的な表記のできないものは、限度見本を作製する
- 検査方法の指示をする

---

## ●誰もが同じ方法で測定できない寸法表記

図面に描かれている寸法は、測定できなければ意味がありません。よ

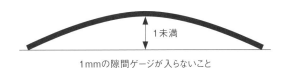

1mmの隙間ゲージが入らないこと

**図20　反りの測定方法の指示**
簡単なものであれば、図面にも測定方法を表記する。

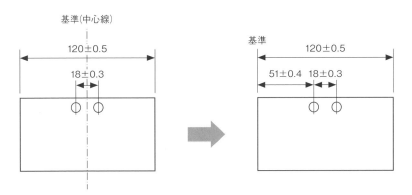

**図21　基準を中心線とした図面と端部にした図面**
中心線を基準にすると寸法の測定方法が分からない（左）。部品の端部を基準とすれば、寸法を測定しやすい（右）。

く問題となるのが中心線で、私は中心線を基準に寸法が表記された図面をよく見かけます（図21）。

　しかし中心線のあるところに形状が存在しない場合は、測定担当者はまず中心線を決めるための測定をする必要があります。中心線を左の端部から決める方法と右から決める方法があり、また横幅の寸法（120mm）のバラツキによって部品ごとにいちいち計算し直す必要があります。つまり測定者によって測定方法が変わり、さらに部品ごとに計算が必要になってくるので時間もかかり、ミスも生じやすくなります。「誰が測定」しても「同じ測定」になるように、図面寸法を表記する必要があるのです。

**Point**

- ・「誰が測定」しても「同じ測定」になるように、図面寸法を表記する

## ●管理寸法のない図面

　管理寸法がない図面はトラブルの原因となります。生産した部品は必ず出荷検査され、納品先の受け入れ検査でも測定されます。それらの測定においてどこを測定するかという「管理寸法」は、設計者にとって大切なはずです。嵌合部分の寸法やバラツキそうな寸法は、出荷検査で測定されてから出荷されたいものです。

　これらの「測定してほしい寸法」は設計者しか知り得ません。ですから、これを図面できちんと指定しないと、部品メーカーは独自に測定箇所を決めて出荷するしかありません。それらの寸法が設計者にとってさほど重要でない寸法であれば、無駄な出荷検査となってしまうため、管理寸法は必ず設計者が指定するようにしてください。出荷検査には多くの時間をかけられませんから、管理寸法は5〜10カ所が適当と考えます。

・管理寸法を図面に表記する

## ●中国人の苦手なカタカナ表記

　最後に、カタカナ表記について説明しましょう。日本語ができる中国人はカタカナを決して読めないわけではないのですが、苦手な人は多いです。その理由は外国人が日本語を勉強するプロセスを考えると理解できます。

　日本語で「机」というモノを覚えるときに、あえて外来語の「テーブル」とは勉強しません。つまりカタカナは主に外来語に使うので、外国人がカタカナを勉強する機会が少ないのです。加えて日本には昔、公文書をカタカナで表記する習慣があり、図面などの正式文書では今でもカタカナを用いる人がいます。「ナット」や「グリス」などはカタカナでも仕方がありませんが、「キズ」や「オモテ」などは「傷」「表」と表記するようにしましょう。極力、トラブルの原因となる表記はなくしておきましょう。

・図面や仕様書にカタカナ表記は極力なくす

# 9-4 確実な見積依頼と だまされない見積書

　私は前職での中国駐在時、数多くの見積もりを中国の部品メーカーに依頼してきました。現在でも日本の設計メーカーから依頼されて、中国の部品メーカーへ見積依頼することがあるのですが、やる気のある「本気度」の高い見積もりを引き出すのはなかなか困難です。高額な「お断りの価格」で見積もりを出されるケースが多いのです。中国の部品メーカーにとって、最近の日本の設計メーカーからの発注は小ロットで、もうけの少ないものがほとんどだという背景があります。本項では中国における見積もりに関する注意点について解説します。

　まず、見積依頼の基本を3つお伝えします。

　　[1] 見積明細書を提出してもらう
　　[2] 1つの部品で1つの見積もりとする
　　[3] 見積図面は極力最終仕様まで盛り込む

　どれも当たり前の話ですが、日本の部品メーカーに依頼するときなら厳密に守らなくてもあまり問題とならないかもしれません。しかし、中国の部品メーカーに見積依頼する際はそうはいきません。これらの3点を注意して厳守しないと、とても面倒な事態に発展したり、部品メーカーとの信頼関係が揺らいでしまったりする可能性があります。

### ●見積明細書を提出してもらう

　見積明細書には材料費や加工費、管理費などが記載されており、見積価格が適切であるかどうかを確認するために必要です。「失敗しない部品メーカーの選び方」の項でもお伝えしましたが、企業間の信頼関係を

保つためにも提出してもらうべき書類です。

　例えば、生産中のある部品の塗装をやめてコストダウンを図ろうとしたとしましょう。この部品は単価500円で購入しており、そのうち塗装費は約200円と想定していました。よって無塗装化によって部品単価は約300円になるはずです。

　ところが、部品メーカーに見積依頼すると400円と回答してきました。100円しか価格が下がらない理由を知りたくても、見積明細書がなければ従来の単価（500円）の内訳は分からないので、塗装にいくらのコストがかかっているのか分かりません。400円で納得するしかないのです。

　相手が日本の部品メーカーであれば見積明細書がなくても、「塗料代と塗装費がなくなり、不良率も下がるはずです」といった交渉の余地があります。しかし、中国の部品メーカーにこちらの言い分を理解してもらうのはとても困難です（**図22**）。まず中国にいる日本語通訳を相手に交渉するかたちになりますが、メールや電話でこのような込み入った交渉はほぼ不可能でしょう。さらに交渉相手である日本語通訳に価格の決定権がなければ、「担当者が400円以下にはならないと言っている」とい

日本語通訳　　　　　　　日本の設計者/購買担当者

**図22　見積明細書なしで中国部品メーカーとの交渉は難しい**
コストダウンで削除できる費用を日本語通訳に説明しても、見積明細書がないと理解してもらえない。

う回答が来るだけで、交渉になりません。結果、日本側に中国の部品メーカーへの不信感が生まれかねないのです。こうした事態を未然に防ぎ、企業間の信頼関係を維持する第一歩が、見積明細書なのです。

### ●1つの部品で1つの見積もりとする

私に中国での見積もりを依頼してくる日本の設計メーカーにはときどき、「10点の部品をまとめて1つの価格として見積もりを依頼してほしい」という担当者がいます。しかし、このような見積依頼は避けるべきです。理由は、前述の見積明細書の話に似ています。見積明細書は部品1点につき1枚提出してもらう必要があるのです。

例えば複数の部品が、合計価格1000円で見積もられ生産が開始されたとします。コストダウンを目的に、ある部品を削除し、「その部品の価

**図23　部品ごとに見積依頼する必要性**
複数の部品をまとめて1つの見積価格にすると、その後のコストダウンでもめることになりかねない。

格が300円相当なので、合計価格は約700円になる」と想定して再見積もりを依頼します。ところが900円という回答がきます（**図23**）。複数の部品をまとめて見積もっていると部品個々の価格が分からないので、これ以上は交渉できません。日本の部品メーカーであれば、双方が納得できるように話し合いで解決する余地がありますが、中国の部品メーカーが相手の交渉では先ほどと同じ理由でとても困難です。

## ●見積図面は極力最終仕様まで盛り込む

　部品メーカーを選定するため、ある部品の試作図面で複数のメーカーに見積依頼をしたとします。その部品には印刷があるのですが、まだ試作の段階で印刷仕様は決まっていなかったため、図面には印刷仕様のないままで見積依頼をしました。相見積もりによって部品メーカーを選定し金型を作製し、そして生産開始が近くなってきたため、図面に印刷仕様を追加して再見積もりを行いました。ところが印刷の追加で約100円の部品単価のアップを想定していたのですが、300円のアップとなってしまいました。これではもしかしたら、相見積もりをした他の部品メーカーの方が安かったかもしれません。しかし金型まで作製してしまっているので、今更部品メーカーの変更はできません。金型までできていると、部品メーカーも強気になり、日本語通訳を通しての交渉はさらに難しくなります。

　ここまででお伝えした3つの話は中国に限らず日本でも本来なら注意すべき、部品の見積依頼の基本的な原則です。とはいえ、日本の部品メーカーが相手なら、日本語で理解を深めつつ今後の取引なども考えて双方が譲歩するので、ほとんど解決できます。

　しかし、中国の部品メーカーが相手ではそれはとても困難です。まず言葉の問題があり、また直接会って話す機会も少ない。そもそも満足できる話し合いはできないのです。よって中国の部品メーカーへの見積依頼では、3つの原則の厳守がとても大切となります。

- 見積明細書を提出してもらう
- 1つの部品で1つの見積もりとする
- 見積図面は極力最終仕様まで盛り込む

## ●「とりあえず」は厳禁、3条件は必ず提示

　中国で初めて部品を作製する場合、「とりあえず中国ではいくらぐらいになるのだろう」と、「とりあえず感覚」で見積依頼する日本の設計メーカーがあります。生産台数や生産開始時期をまだ決めていない段階です。しかし中国の部品メーカーにとっては、「いつからビジネスをスタートするのか」「いくらお金が入ってくるか」が重要です。日本のように将来的な取引に発展すると期待して見積もりを出してはくれません。最低でも、ロット（1カ月、もしくは1回の生産個数）、総生産個数/生産期間、生産開

「とりあえず」の見積もりはイヤ。
「いつから」と「何個」をすぐに教えて！

**図24　中国部品メーカーが求める見積依頼**
「とりあえず」の見積依頼を嫌がり、「いつから〜」「何個〜」を求める中国部品メーカー。

始時期の3条件がそろっていないと、本気の見積もりは出してくれないのです（図24）。

　実際に生産が決まっていれば、3条件が不明なケースは少ないでしょう。しかし、中国で部品を作製するか悩んでいて「とりあえず見積もりが欲しい」と考えている段階では、「生産開始時期は来年中」「100〜500個くらい」といった曖昧な条件で見積もりを取ろうとする設計メーカーは多く、それでは本気度のある見積もりは得られないのです。よって、前述の3条件を明確に提示できるようにしてください。

　希望価格を提示するのも、本気度のある見積もりを取得できる1つの要因になります。つまり「希望価格以下であれば発注します」というこちら側の意思表示だからです。よって私は常に希望価格を提示するようにしています。

**見積依頼で下記条件を必ず提示する**
- **ロット**
- **総生産個数/生産期間**
- **生産開始時期**
- **希望価格**

### ●見積依頼のやり取りを少なくする5条件

　見積依頼に関しては、中国駐在中に次のような苦労も経験しました。部品点数が多かったこともあり、私の知りたい見積価格がなかなか全部そろわなかったのです。価格に増値税（付加価値税）が含まれているかが分からなかったり、金型費があっても部品単価がなかったりといったものです。また、見積明細書で詳細を確認すると、不良率が異常に高い、MOQ（最低発注数量）が異常に多いといった場合もありました。結局、

改めて問い合わせてこれらの数値を確認するのですが、部品点数が50点近くもあると、これはとても大変な作業となります。

　しかしよく考えてみると、見積依頼の際に、価格の提示条件を明確に指定していなかったことに原因があったのです。私の経験上、必要となる提示条件とは主に次の5つです。

[1] 金型費、部品単価、または両方

[2] 組立部品、単品部品

[3] RMB（人民元）/米ドル

[4] 増値税含む/含まない

[5] 保税する/しない、または両方

　これらは当たり前のようですが、私が実際に見積もりの依頼を受けると、上記の内容を提示していない設計メーカーがほとんどです。順番に解説します。

　[1]は金型費の見積依頼か部品単価の見積依頼か、もしくはそれら両方の見積依頼かをはっきりさせることです。金型費と部品単価の両方の見積価格が来て当たり前と思い込んでいたり、金型を造らないのにそれを伝えなかったりすれば、欲しい見積もりは得られません。

　[2]は単品図面とその組立図面があった場合です。部品メーカーに組み立てまでを依頼してその完成品の価格を知りたいのか、組み立ては依頼せずに部品単価のみの見積もりが欲しいのか、それともそれらの両方が欲しいのかを明確にします。

　[3]は価格の通貨単位です。日本からの見積依頼であるために気を使ってくれるのか、ドルで見積価格を提示してくる場合があります。見積価格がドルで来てしまうと、その換算レートを再度問い合わせる必要があります。RMB（人民元）で見積価格を取得して、必要があれば自社で換算するのがよいでしょう。

　[4]は増値税を含むか含まないかの指定です。基本的には金型費は増

値税を含み、部品単価は含まないで見積価格を取得するのがよいでしょう。その理由の説明は、長くなるので割愛します。

[5] の保税に関しては、この後に詳細を説明します。保税制度を利用する場合は、材料費を保税した価格にして見積価格を取得する必要があります。

私はこのような価格の提示条件を明確にするために、見積依頼をするときは**図25**のようなフォーマットのリストを作成してメールに添付しています。

\ Point /

・見積価格の提示条件をリストを用いて指示する

## ●見積明細書の確認方法

見積明細書は図25の1つの価格（表中のグレーの1つのセル）に対して1枚が必要となります。見積明細書を取得する大切さは既にお伝えしました。見積明細書の数値で確認すべきものは以下の5つです。

| 部品名称 | 員数 | 部品番号 | 生産台数(台/月) | LOT(個/月) | 金型取数 | 材料メーカー | 材質 | Type No. | 希望価格(RMB) 部品単価 不含消費税 | 希望価格(RMB) 金型費 含消費税 | 見積価格(RMB) 部品単価 不含消費税 | 見積価格(RMB) 金型費 含消費税 |
|---|---|---|---|---|---|---|---|---|---|---|---|---|
| COVER A | 1 | 111-222-33 | | 200 | 1 | 金発 | ABS | A-001 | 15 | 28,000 | | |
| HOLDER B | 2 | 222-333-44 | | 400 | 1 | 帝人 | PS | NN-65 | 2 | 9,000 | | |
| PANEL組立 | 1 | 333-444-55 | 200 | 200 | 1 | | | | 21 | | | |
| _PANEL | 1 | 444-555-66 | | 200 | 1 | 金発 | ABS | A-001 | | 30,500 | | |
| _BRACKET | 4 | 555-666-77 | | 800 | 2 | 旭化成 | PS | NN-65 | | 10,100 | | |

この色の箇所に記入してください。

**図25　価格の提示条件を指示した見積依頼フォーマットの例**
1回の見積依頼に全ての価格提示条件を盛り込んで、やり取りの回数を少なくする。

[1] 加工費のマシンチャージ

[2] 管理費率/利益率/不良率

[3] MOQ

[4] 特別費

[5] 金型費と部品単価のバランス

　[1] のマシンチャージは、成形機や切削加工機などの工作機械の使用料です。部品メーカーは装置のそれぞれのサイズや機種によって1時間当たりの使用料を決めており、それをマシンチャージと呼びます。使用する予定の装置のマシンチャージが記載されているかを確認してください。マシンチャージのリストは部品メーカーからぜひとも入手しておいてください。

　[2] の管理費率/利益率/不良率は部品メーカーによって異なり、これらが各部品メーカーの競争力になります。また不良率は部品によっても異なってきます。相見積もりで取得した他の部品メーカーの数値と比較したり過去に取得した見積もりと比較したりして、異常な数値になっていないかを確認しましょう。

　[3] のMOQの数値が1カ月（もしくは1回）の使用個数よりも大きければ、余った部品はどこかに在庫として保管しておく必要があります。ビスなどの小さい部品であれば場所の問題はありませんが、在庫の場所を取る大きな部品や経時変化のある部品（接着剤を使っている貼り物、クッション、印刷物など）は在庫を長くは持てないので、適切なMOQである必要があります。また、部品を輸送するカートンサイズにも影響してきます。例えば部品20個入りのカートンであれば、20の倍数で発注をした方が、見積明細書に記載した通りの輸送費にすることができます。つまり部品メーカーが1回に生産する個数と部品単価は密接に関係してくるので、部品メーカーとの合意の下にMOQの数値を決定する必要があります。

[4]の特別費には、まれに内容の分からない費用が加算されていたりします。1回の生産個数が少ない場合は、段取り費用などが入っています。内容が不明確であれば、必ず確認しましょう。

　[5]では一般的には金型費が異常に高額になっていないかを確認します。金型を作製する部品の場合、部品メーカーとしては「金型費＋(部品単価×総生産個数)」の総売上が大切です。一方、部品を発注する日本の設計メーカーは、その部品を使用する製品の利益に直結する部品単価に注目しがちで、相見積もりで金型費が他社より高額であったとしても、部品単価が安ければその部品メーカーを選定してしまう傾向があります。それを知っている部品メーカーは、部品単価を安くして金型費を高くしている場合があるのです。

　よって金型費と部品単価のバランスを確認する必要があります。まれに金型の取数(1個の金型で製造できる部品の個数)を複数個にして金型費を高額にして部品単価を安くしている見積もりがあります。金型の取数は見積もりの段階で指定しておくのが良いでしょう。金型打ち合わせにおいても、必ず確認しましょう。

## ●保税制度とは

　保税制度とは、海外から資材を輸入して、それを保税認可を受けた保税工場で加工して海外に輸出すると、輸入した資材は輸入関税が免除される制度です(**図26**)。中国の射出成形メーカーが日本製ペレットを輸入して保税工場で部品を成形し、その部品の一部を米国に輸出する場合を例に考えてみましょう。具体的には次のような流れになります。

　まず、中国の成形メーカーは日本から部品100個分のペレットを輸入します。このときに中国の成形メーカーは100個分のペレットに対する関税を中国への通関時に支払います。

　中国の成形メーカーは100個の部品を成形したあと、60個を中国国内で販売し、40個は米国に輸出しました。すると、米国に輸出した部品40

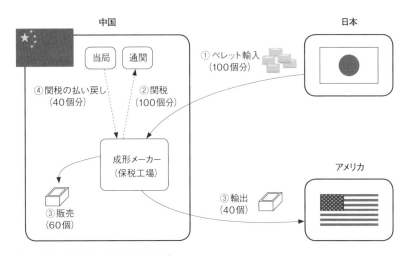

**図26　保税制度を利用した樹脂部品の生産**
製品を輸出した場合には材料を輸入した際の関税が払い戻される。

個分のペレットに対する関税を中国当局から払い戻してもらえるのです。米国へ輸出する部品のペレットに対して関税が免除される理由は関税の基本的なルールですので、詳しくは皆さんで調べてみてください。

　この制度があるため、保税認可を受けた中国の部品メーカーでの見積価格には、中国国内で販売する価格と米国向けとして販売する価格の2つがあることになり、見積明細書は別になるのです。

\\ Point /

**見積明細書は次の5つの数値を確認する**
- **加工費のマシンチャージ**
- **管理費率/利益率/不良率**
- **MOQ**
- **特別費**
- **金型費と部品単価のバランス**
**保税制度を利用する場合は、保税した見積価格をもらう**

# 生産開始までに必要な取り決め事項

9-5

生産が開始されるまでには部品メーカーと幾つかの取り決めをしておく必要があります。それらを次に列挙します。

## [1] 量産部品の輸送方法

航空便か船便のどちらかになります。量産部品は一定量があり、部品コストを下げるため通常は船便での貿易になります。1～2週間の期間がかかりますので、発送する部品メーカーか輸送会社に確認をしてください。航空便の輸送は輸送条件が厳しいので、精度の高い部品は壊れやすいです。船便より頑丈な梱包形態が必要です。

## [2] 金型費用の支払い方法

中国の部品メーカーで日本の設計メーカーの資産として金型を作製し、その金型で造った部品を日本に輸入する場合、その金型費の支払い手続きは複雑になります。金型費用は銀行を通して中国に移動させても、金型は日本には来ず中国に置いたままだからです。この処理は専門的な知識が必要ですので、専門家にご相談ください。

## [3] 部品の承認方法

部品の生産が始まる前に、設計者は部品メーカーに対しては「生産してOKです」、また組立メーカー(部品を受け入れる工場)に対しては「受け入れてOKです」という指示を出す必要があります。この指示によってこれらの2社の間で取引が始まります。そのときには次の部品と書類の用意が必要です。

- 承認部品
- 図面もしくは仕様書通りに部品ができていることを示す書類（寸法データや試験データ）
- 環境資料

　これらを部品メーカーから設計者に対して提出してもらい、その部品と書類の内容を確認し、承認した後、これらを部品メーカーと組立メーカー、設計部門の3者で共有します。その承認方法や部品と書類の発送方法などのルールの構築が必要です。この承認された部品および書類と違うものが生産され納品されると、それは不良品ということになります。よってこれらの保管も大切となります（**図27**）。

[4] フォーマットの作成
　中国人との意思疎通を確実にするため、金型変更、日程変更、設計変更、発送連絡など高い頻度で情報交換が行われるものに関しては、フォーマットを作成しましょう。金型変更のように費用の発生するものに関しては必須です。

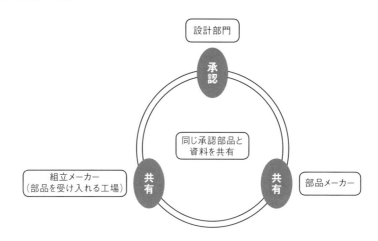

**図27　生産開始前に承認した部品と資料を3社で共有する**

[5] 不良品の処置方法

　不良品が納品された場合の処置方法を決めておきましょう。不良品と良品の部品交換や、一定割合の不良品を想定して購入し、不良品は不問にするなどの方法があります。

**下記を部品メーカーと取り決めておく**
- 量産部品の輸送方法
- 金型費用の支払い方法
- 部品の承認方法
- フォーマットの作成
- 不良品の処置方法

## 9-6 中国メーカーの訪問の仕方

　設計者をはじめ、品質管理部や購買部の人なら中国の部品メーカーを訪問する機会は多いでしょう。部品作製を依頼する部品メーカーの選定や部品、金型作製に関する打ち合わせ、不良品発生などトラブルへの対処、コストダウンについての交渉など、さまざまな用事で訪問すると思います。以下に不良品が発生した場合と金型や部品の作製中における訪問の仕方のポイントについてお伝えします。

### ●不良品が発生した場合の訪問の仕方と事前準備

　不良品発生の原因が既に判明しており、その対策を話し合うために部

品メーカーを訪問するのであれば、必要な事前準備はそれほど多くはないでしょう。しかし、不良品の発生原因の究明から始めなければならない場合は、ある工程だけ終えたサンプル品を用意してもらったり、普段は稼働している成形機などの装置を原因究明のためにある時間帯を空けてもらったりと、事前準備の内容もさまざまです。とはいえ、私の経験上で言える一般的な準備としては次の6つがあります（**図28**）。

[1] 担当者の確認
[2] QC工程図の入手
[3] 各工程の内製と外注の確認
[4] オリジナル図面の入手
[5] 治具と部品の準備
[6] 作業標準書・検査基準書の入手

まず、[1] 担当者の確認です。不良品発生の解決に当たり、その打ち合わせやメールでのやり取りを日本語通訳とだけ行うのは禁物です。通訳

**図28　部品メーカーを訪問する前に準備しておくべきポイント**
不良品の発生原因を迅速に究明するためには、事前準備が重要になる。

の日本語レベルや技術レベルにもよりますが、不良品が発生した原因と想定される部門の技術リーダー（課長）や実務担当者との情報共有も必要となります。不良品の発生原因の解明に必要な知識や会話の内容は、技術的により深いものとなってくるからです。日本語通訳だけに情報を伝えていては、こちらからの要望や意思がなかなか伝わらない場合があります。よって必ず技術リーダーや実務担当者を確認して、打ち合わせに呼ぶ人、メールでCCに入れる人を事前に調べておきます。特に不良品の対応の場合は、品質管理担当者は必須です。繰り返しですが、日本語通訳にだけ情報を伝えて満足しないようにしてください。

次に、[2] QC工程図の入手です。不良が発生した部品は、かなり昔から生産されているものであったり、生産開始時には自分の担当した部品でなかったりする場合があります。そこで、QC工程図を入手してまず工程の全体像を把握し、不良となった部品がどのような工程で製造されているかを事前に知る必要があります。

工程の全体像を把握したら、[3] 各工程の内製と外注を確認します。例えば、鋳造部品の切削加工や板金部品の溶接などが外注されていたら、そもそも原因究明のために訪問すべき所は今いる部品メーカーではないかもしれません。こうした理由で、[2] と [3] は、訪問する前に確認しておく必要があります。

[4] 図面の入手は、部品メーカーでオリジナルの図面を作成している場合、それが設計者の意図に合っているかを確認するのに必要です。例えば出荷検査の際、その検査で測定する箇所と判定基準（公差など）を表記した図面が別途作成されている場合もあります。その内容が適切かを確認します。

[5] 治具と部品の準備では、不良が発生したと想定される工程で使われている治具や、その対象の部品を持ってきてもらいます。現在生産中でなければ治具は倉庫に保管されています。切削加工機などの装置に取り付けられている治具であれば取り外しておいてもらい、切削加工中

の治具の状態を確認したいのであれば取り付けた状態にしておいてもらいます。

最後は、不良が発生したと想定される工程の[6]作業標準書と検査基準書の入手です。これらは原本が保管されているはずなので、それを持ってきてもらいます。不良の発生原因には、そもそも加工や組み立て、検査の作業方法が曖昧になっていることが原因の場合があります。よってこれらの確認は大切になります。

中国の部品メーカーを訪問して会議室でいろいろな話をしてから[2]、[4]～[6]を用意してもらうとなると、それだけで半日を費やしてしまいます。これらは部品メーカーへの訪問前にメールで依頼しておくか、少なくとも到着してすぐ依頼するようにしましょう。

\ Point /

- 担当者の確認
- QC工程図の入手
- 各工程の内製と外注の確認
- オリジナル図面の入手
- 治具と部品の準備
- 作業標準書・検査基準書の入手

●**治具を確認できるのは設計者だけ**

こうして事前準備した上で部品メーカーを訪問した後、何を確認すればよいのでしょうか。不良の内容にもよりますが、一般的には次の6つを確認します (**図29**)。

[1] 治具
[2] 手作業

[3] 作業順

[4] 装置の設定値

[5] 毎回同じ作業になるか

[6] QC工程図にない作業

　まず [1] 治具の確認です。私は中国駐在中に「治具は設計者にしか確認できない」と強く実感してきました。設計者が治具を確認する重要性を、次の2つの例でお伝えします。

　例えば、**図30**のような板金部品があり、この部品のA、B、Cの3カ所を治具で固定し、天面にドリルで穴を開けるとします。この部品のAとCの高さは同じですが、Bの高さはA、Cよりも0.5mm上方にあります。

　部品メーカーの治具設計者は、部品の3Dデータや2D図面、もしくは現物を見て治具を作製します。しかし3Dデータや現物を見ただけでは、0.5mmという微小な高さの差は判別できません。また、3Dデータがあれば、2D図面に0.5mmという寸法を入れていないこともあります。

**図29　部品メーカーを訪問した際に確認すべきポイント**
日本の部品メーカーでは考えられないような不良の発生原因もあるので、丁寧に確認していくことが大切だ。

つまり、治具設計者がこの0.5mmの段差に気付かない可能性が高いのです。すると図30のようにA、B、Cの3カ所が同じ高さにあると勘違いし、全て同じ高さで固定する治具を作製してしまいかねません。このような治具では、部品が変形した状態で加工されてしまうのです。

　もう1つの例としては、鋳造部品を切削加工する際、治具に当て付ける部品の面が設計者の意図する基準面と異なっている場合があります（**図31**）。図面に基準面を表記してあれば、優秀な治具設計者なら設計者の意図をくみ取れますが、図面にその表記がなければ設計者の意図通りに治具は作製されません。治具の造り直しが必要な場合もあり、費用と時間の無駄になってしまいます。

　実は、部品メーカーで使われている治具を確認する日本の設計者は非常に少ないのが実情です。理由は2つあります。1つの理由は日本の部品メーカーの治具設計者は、設計者の意図を十分にくみ取り「一を聞いて十を知る」対応で適切な治具を作製してくれます。よって設計者が治具を確認する必要がないのです。もう1つの理由は、治具というものが部品メーカー主導で、つまり設計者の知らないうちに造られている場合が多いからです。

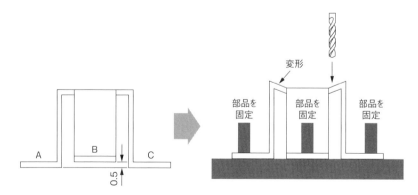

**図30　板金部品の形状を見誤り、不適切な治具で固定し加工する**
底面に0.5mmの段差があるが、3Dデータや現物では気付けない。実際、部品が変形してしまい、上面に適切な穴が開かない治具が作製されてしまった。

中国の部品メーカーでは日本の部品メーカーのように治具の作製を完全に一任することはできません。なかなか設計者の設計意図をくみ取った治具は作製されません。そこには治具設計者のスキルの問題とコミュニケーション不足があります。治具は設計者の意図を伝える大切な手段であり、その費用は設計者の企業（発注側）の負担です。よって設計者による治具の確認は必須なのです。

## ●手作業や作業順も確認

　[2]手作業と[3]作業順の確認も重要です。品質の安定を考えると、いかようにも作業ができてしまう手作業の工程はなるべく少なくして、装置やロボット、治具を用いた作業にするのが適切です。しかし、手作業を完全になくすことはできません。よって、手作業があればその工程をできる限り自由度をなくして固定化し、それを具体的に写真やイラストと共に作業標準書に記載しましょう。例えば単に「ヤスリ掛け」とだけ書いてあれば「#1500番で左端から3往復」とし、さらにその作業方法が分かる写真やイラストとともに記載します。そうしないと、作業者の判断でいかようにも作業できてしまいます。これが最も不良が発生しや

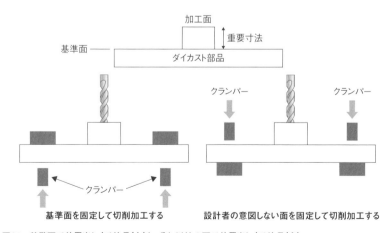

図31　基準面で位置出しする治具（左）と、それ以外の面で位置出しする治具（右）

すい原因です。基本的に「誰が作業」しても「同じ作業」になる工程とするのが大切です。

　手作業の確認において、見逃しがちなのが作業順の確認です。切削加工機に部品を固定する治具を例に、どんな問題が発生するのかを見てみましょう（**図32**）。この治具には複数のクランパーがあり、それらのレバーを下ろすと部品が固定されます。実は、クランパーで固定する順番によって部品の位置に微小なずれが発生してしまう可能性があります。よってクランパーを下ろす順番は決める必要があるのです。この位置ずれは、とても小さいため肉眼では確認できません。

　ごく一般的な部品のビス留めに関しても同じことが言えます。電動ドライバーを使用してビスを留めるとき、ビスを「右→左」の順に留めるのと「左→右」の順に留めるのでは、ビス留めした後の部品の位置が若干違います。この違いが組み上がった製品の品質に影響を及ぼすか及ぼさないかは誰も分かりません。よって、その懸念を完全に排除するため作業順を決めるのです。

　日本の部品メーカーや組立メーカーでは、このような順番が決まって

**図32　部品を固定する治具**
クランパー（白色の矢印）を下ろすと部品が固定される仕組み。クランパーを下ろす順番によって部品の位置に微小なずれが発生する可能性があるため、順番を決めておく必要がある。

いない場合でも、製造ラインの作業者が事前に「順番の指定はありますか」と聞いてきます。たとえ設計者が「ありません」と回答しても、「では、右→左と順番を決めて、作業標準書に記載します」と言います。一方、中国の部品メーカーでは設計者がそれを指定しないと、指定しなかった通りに作業順がまちまちになり、それが不良の原因になってくるのです。

　よって作業順の指示がない作業内容は、必ずその順番を決めておく必要があります。そして、その内容を作業標準書にはもちろん、治具にも記載しましょう。私は、作業順を指定するだけの治具を作製してもらったこともあります。図33は、16本のビスの留める順番を指定した治具です。

## ●装置の設定値の確認

　次が［4］装置の設定値の確認です。製造ラインにはさまざまな装置があり、それらには必ず設定値があります。例えば溶接機には「加圧力」「電流値」「通電時間」「電極チップの交換頻度」などがあります。これらが作業者の経験に一任されていたり、作業者のメモとしてどこかに保管されていたりしてはなりません。設定値が明確に決まっていなければ決める必要があり、それを作業標準書に記載することが大切です。ちなみに「電極チップの交換頻度」は溶接機の設定値ではありませんが、必ず決めるようにしましょう。

　製造ラインを確認するときの私の基本的なポリ

**図33　作業順を指定するための治具**
16本のビスの留める順番を、数字を記したシールを貼って指定した。

シーは、「誰が作業」しても「同じ作業」であることです。実際に製造ラインを自分の目で確認しても、作業者は慣れた手つきで部品や製品を製造するので、あたかも固定化された作業に見えてしまいます。しかし実際に自分で作業してみると、「こんな作業方法で良いんだっけ」「順番どうだったっけ」「あれっ、こんな風にも作業できるなぁ」となる場合があります。それはつまり、その工程には作業の仕方が幾通りもあり、そこに不良が発生する原因があるということになります。

　よって不良発生の懸念のある作業を見つけたら、自ら作業してみると良いでしょう。そしてその作業が「誰が作業」しても「同じ作業」にしかなり得ないことを確認し、それが治具や作業標準書に記載されていることを確認します。これが、[5] 毎回同じ作業になるかの確認です。

## ●QC工程図にない作業で発生した不良品

　図34は、通常は1人で行うべきビス留め作業を2人で行っており、それが原因で不良が発生してしまった例です。左側の作業者が1人で行うべ

**図34　QC工程図にない作業**
本来は左側にいる作業者だけで実施すべき工程に、作業遅れを補うために突然、前工程の作業者（右側）が現れて2人で作業するようになった。

きビス留め作業に遅れが発生すると、その工程の前工程を担当していた右側の作業者が突然手伝いに現れます。これによって重大な不良が発生してしまったのです。

　私はこれ以外にも、工程の仕掛品を別のフロアーへ運ぶ際に部品同士がぶつかり合い、傷が付いてしまうという不良の原因究明を行ったこともあります。これら2件の問題を発生させた作業はQC工程図には記載されておらず、また製造ラインを数分歩いて確認するだけではタイミング的に遭遇できるとは限りません。

　私は不良の原因がなかなか判明しないときには、必ず製造ラインを2〜3時間ずっと見るようにしています。長時間観察していると、製造ラインにおける繰り返し作業の中に、これまでになかった作業、つまりQC工程図にない作業が突然現れるときがあります。そしてそれが不良の原因につながっている場合があるのです。

　出張で訪問したときに、製造ラインを数時間かけて見る時間を作ることはなかなか難しいかもしれません。しかし、そのようにしてしか見つけることのできない不良の原因もあるということを知ってもらいたいと思います。

\Point/

**下記の順に確認をする**
- 治具が設計者の意図に反していないか確認
- 手作業の作業方法と手順が作業標準書に記載されていることを確認
- 作業順が全て決まっているか確認
- 装置の設定値が作業標準書に記載されているか確認
- 毎回同じ作業になるか確認
- QC工程図にない作業をしていないか確認

## ●部品作製（金型作製）中の訪問

　金型で作製するトライ（試作）部品や、塗装、印刷をする部品の作製過程における訪問の仕方についてお伝えします。

　まず確認すべきは、その部品を手に取って見られる日程です。金型で部品を作製するのであれば、金型が完成、もしくは金型修正が完了した後になります。その日程を確認して訪問日が決まったら、訪問直前に部品ができていることが分かる写真を必ず送ってもらいます。いざ訪問すると今から準備をすると言われ、数時間から1日以上待たされることは避けたいです。金型の場合は、成形がどうしてもうまくいかず1～2日遅れることは日本でもよくあることです。中国に行って1～2日待つ時間はもったいないので、確実に部品を見られる段階と判断できる写真を送ってもらってから、訪問するようにしましょう。

　また射出成形の金型の場合は、訪問時に使用する成形機が生産で使用する成形機か、そうでないかの確認もしておきます。できれば生産で使

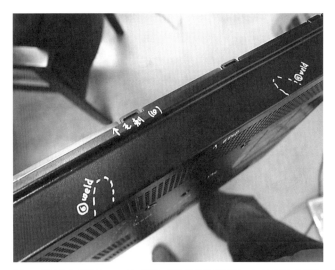

図35　不具合点を現物にマーキングをして修正依頼の記録とし、この写真も必ず撮っておく

用する成形機が良いです。成形条件を後から再設定する必要がありません。

　訪問したら、部品の確認をします。不具合点や位置、修正内容を、文字だけで表現し一覧表にまとめるのはやめましょう。例えば「40×60穴左の丸穴をφ5からφ6に変更」などです。類似する穴が他にもあったり、「穴左」といっても部品の左右上下がなかったりします。よって必ず現物にマーキングしたサンプル品を作製するようにしましょう。できれば部品メーカー用と自分用の2つあると良いです。日本に帰国してからコミュニケーションを図るときに、現物があるととても便利です。そしてその後、マーキングしたサンプル品の写真を必ず撮っておきます。私の経験では、部品メーカーに渡したマーキングしたサンプル品が、次回訪問したときにあった試しはありません。必ず無くなるのです（**図35**）。

　小さい部品でマーキングできない場合は、その部品の図面に赤ペンでマーキングします。そしてもう一部コピーしましょう。赤ペンの文字が見えるようにカラーコピーであればより良いです。しかし、この部品メーカーに渡したマーキングした図面もよく無くなります。よって、必ず写真を撮っておきましょう。このときも、部品の不具合点の写真は必ず撮っておくことは忘れないようにしてください。

　サンプル品や図面のマーキングには番号を振っておき、写真と合わせて一覧表を作成し、実務担当者を交えた打ち合わせで、修正依頼の内容を共有します。そして次回の確認日までに修正を終えることを、実務担当者のいる場所で約束してください。その後、その一覧表をメールで共有します。

　部品によっては不具合点が100点以上にもなるものがあると思います。一般的に中国人は「管理」が苦手です。よって100点近くもあると、幾つかは見過ごされることが多くあるので、日本の設計者から進捗確認を行うのが良いと考えます。一覧表で修正が完了した箇所には「完了」と書いてもらい、途中経過の一覧表を送ってもらいます。

期日の約束はしたからそれまで待っていれば大丈夫、などというお任せ感覚は危険です。約束した期日までに、全ての修正が完了できるようにコントロールすることが大切です。

\ Point /

- ・訪問前に部品の写真を送ってもらう
- ・射出成形機が生産と同じものか確認
- ・修正箇所は現物もしくは図面にマーキング
- ・マーキングした部品や図面は写真を撮る
- ・一覧表を作成して担当者にも説明し情報共有
- ・一覧表の進捗管理

第10章 一目置かれる日本人になる

私は中国駐在を続ける中で、中国人は日本の製品やブランドが大好きで、それらは憧れの的になっていると感じました**(図1)**。品質的に安心だからという理由が最も大きいですが、それだけでなく、品質とはさほど関係のない安価なキャラクターグッズも大変な人気があります。一方、そのような現実があるにもかかわらず、中国に駐在している日本人の中にはそれ（中国人に人気がある日本製品）とはかけ離れた存在の人がいる、とも思っています。

## ●日本のものづくり優位はいつまで続くのか

　日本は長い間、ものづくりに関しては中国に対して優位に立ってきました。これまで中国の部品メーカーは日本のメーカーと仕事をしたいため、必ず日本語通訳を用意してくれていました。今でも優位にある製品や技術は多くありますが、近年では負けている分野も多く出始めています。果たしていつまで中国の企業が日本語通訳を用意しておいてくれるか。中国人が日本人と一緒に仕事をするメリットを感じなくなってきているのではないか、と私は思っています。

　世界で第1言語もしくは第2言語として英語を話せる人口は8.5億人と言われていますが、中国語を話せる人は10.5億人といわれています。この数字からみても、私たち日本人が中国語で仕事をせざるを得ない将来

**図1　日本の製品やブランドが好きな人が中国には多い**

がきてもおかしくはない気がします。

　日本の貿易輸出総額のうち74%は製品や部品です（化学製品は含まれていません）。これらの製品や部品を造る日本の製造業には、組立メーカー・部品メーカー・設計メーカーの3つがあります。しかし、組立メーカーの仕事や、いわゆる町工場といわれている部品メーカーの多くの仕事も中国を筆頭とした海外へと流出しました。そして残っているのは、設計メーカーだけになってしまったのです。

　組立メーカーと部品メーカーが中国やアジア圏にあるため、日本の設計メーカーの設計者をはじめとするエンジニアは、それらの国々の人たちと一緒に仕事をせざるを得ないのが現状です。そうした中で、中国やアジア圏でトップを走り続けるエンジニアであるためには、技術以外においても一目置かれる日本人でなければならないのです。

　以下では、日本人が一目置かれる存在になるために乗り越えなければならない3つのハードルをお伝えしたいと思います。

## ●上から目線の日本人

　私の中国駐在中の友人に、日系メーカーからドイツ系の自動車部品メーカーに転職した購買部の中国人がいました。彼は日本語はできませんでしたが、英語をとても流暢に話しました。彼と一緒に仕事をした2

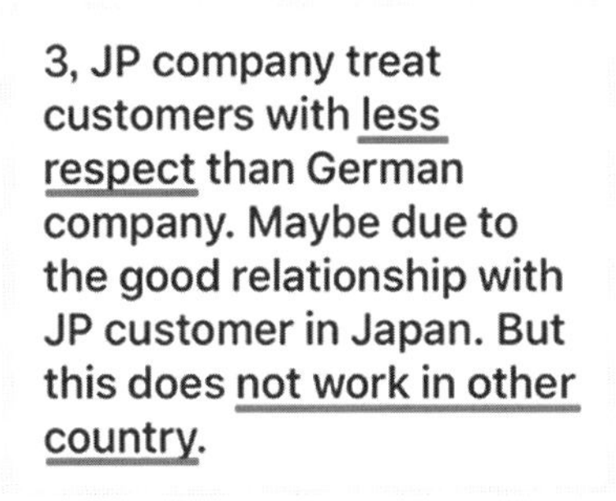

3, JP company treat customers with <u>less respect</u> than German company. Maybe due to the good relationship with JP customer in Japan. But this does <u>not work in other country.</u>

**図2　日系メーカーの日本人とドイツ系メーカーのドイツ人の違いを書いた友人のメール**

年間、彼が日系企業や日本人に対する不満を言うことは1度も聞いたことがありません。

　彼がドイツ系メーカーに転職してしばらくした後、私は彼に次のような質問をメールで送りました。「今までいた日系メーカーの日本人とドイツ系メーカーのドイツ人は、何が違いますか」と。

　すると、彼から返ってきたメールの内容は意外なものでした（図2）。要約すると、「日本人はドイツ人と比較して、中国人に対する尊敬の気持ちが足りません」というものです。このメールの2行目の「customers」とは中国人を指します。彼からこのような言葉を聞いたのは初めてだったので、とても驚きました。彼は日系メーカーに在籍していた約5年間も、このように思い続けていたのかもしれません。

　日本人の中には中国人をひとくくりにして「あいつら」と言い、その仕事ぶりを非難するような人がいます。中国人に問題がある場合もありますが、私がこれまで本書でお伝えしてきた通り、私たち日本人の中国人への理解不足や、「あうんの呼吸」で仕事をしてきた日本人にも足りないところが多くあるのです。

　前述したように、明らかに日本の技術が中国より優位に立っている時代は過ぎつつあります。私たち日本人が中国人に対して優位に立っているという先入観や、そこから生まれる行動はなくしていく必要があるのです。

### ●中国人をお手伝い感覚で扱う日本人

　私の中国駐在中の友人で、日系メーカーで工場長をしていた日本人の話を紹介します。彼の8年間にわたる駐在期間の終わりの頃、彼の工場は同業の中国のローカルメーカーと合併することになりました。そして合併後にはとても多くの中国ローカルメーカーの幹部やスタッフが、彼と一緒に働くことになったのです。

　彼は私に聞きました。「私が今まで一緒に働いていた日系メーカーの

中国人と、合併後に一緒に働くことになった中国ローカルメーカーの中国人で、仕事ができるのはどちらだと思いますか」と。私は日本の技術やスキルを身に付けた日系メーカーの中国人の方が当然、仕事ができると思い、そう答えました。しかし彼が言うには、中国ローカルメーカーの中国人の方が圧倒的に仕事ができるというのです。常に日本人のお手伝い感覚で仕事をしてきた日系メーカーの中国人と、中国人が自ら立ち上げたメーカーの中で各人が競い合っている中国ローカルメーカーの中国人とでは、仕事に対するモチベーションが全く違うと言うのです。

　私は現在、中国に進出しているさまざまな日本のメーカーの方とお話しする機会があります。これらの方々の共通の悩みとして、「中国人に責任感を持って、自主的に仕事をしてほしい」というものがあります。しかし、この友人が言うには、そのような状況を招いているのは現地に赴任した日本人だと言うのです。

　確かに問題が発生して、最後に責任を取って後処理をするのは日本人である場合が多いです。また、業務において中国人がある判断をしたとしても、最終的な判断は結局日本人に委ねられていたり、日本人の赴任者でさえも判断せず、日本にある本社にお伺いを立てる人もいます。私の中国駐在中にも、「課長がいちいち日本に問い合わせをするので仕事が思うように進まない」と言っていた中国人の設計者がいました。確かに中国人にしてみれば、中国の現場で迅速に判断するために日本人の赴任者や日本からの出張者がいるのに、いちいち日本に問い合わせている姿は納得できないものだと思います。

　このようなことが日々重なり、中国人の責任感と自主性、さらにはモチベーションを失わせているのだと考えます。前述の工場長も、このことに気付くのに8年かかったと後悔していました。

　しかし、この話には別の一面もあると私は思っています。中国人は「一を聞いて十を知る」ような仕事の仕方は苦手で、「言われたことだけをする」のが基本的な仕事の仕方でもあります。よって、日系メーカーに

おいては、日本人が全てを判断して最終的に責任を持つという実情に甘んじている中国人も多くいるのです。つまり、これらが合わさって現在の日系メーカーの問題を作り出していると私は考えます。

この問題への対応策は多種多様で、正解が1つあるわけではありません。本書でお伝えしてきた内容の中にもその答えがあるでしょうし、組織の作り方や日本人の語学力、中国人の給与などを改善するという具体的なところにも正解はあると思います。

## ●「べき論」を押し付ける日本人

第3章でもお伝えしましたが、日本人は「べき論」で仕事をしている人が多くいると思います。2020年に世界中に蔓延した新型コロナウイルス感染症への対応でも、中国や諸外国と日本の対応の違いに、この「べき論」が影響していると思わざるを得ません。諸外国の指導者が、自国として「今」「何が必要か」を持論を交えながら主張するのに対して、日本では法律や経済への影響などを配慮しつつ、世論から反対されることのないように「べき論」で発言をしていると見受けられます。

「べき論」以外にも「そもそも論」や「すじ論」という言葉があります。日本人はこれらが好きなのでしょう。「そもそも～がすじなので～するべきだ」というように日本人の思考は流れていくのだと考えます。

日本人と中国人が互いになかなか理解できない最も大きな背景には、こうした国民性の違いがあると思います。対処療法のような中国人の仕事の仕方を私はあまり好きではありませんが、「べき論」の根本にある「そもそも論」まで遡らない中国人の仕事の進め方がとても速いことは確かです。

「べき論」が決して悪い訳ではないのですが、その根本にある「そもそも論」の「そもそも」の内容が本当に正しいか再考してみる必要はあります。技術はどんどん進歩し、自分の所属する会社もどんどん古くなり、自分自身も年齢を重ねていきます。そんな状況の中で「そもそも」の内容も

きっと変化してきています。それをしっかりと熟慮した上で「べき論」を主張するのであれば、それは問題ありません。その点で、本書でも何回か触れてきた、「説明をする」という行動が大切になってくるのだと思います。

## ●日本人同士で群れない

　私が中国に駐在していて、日本人として必要なことや注意すべきこととして感じたことを、あと3つお伝えします。

　日本人はやはり日本人同士で群れたがります。それは業務以外の時間や昼食時であったり社員旅行であったりします。日系企業内で日本人同士がいつも群れた状態では、これらの日本人だけで全ての仕事は進められていると中国人に思われても仕方ありません。

　私は小中学校の頃ギリシャのアテネに住んでいました。当時のギリシャ全土における日本人の人口はたったの300人でした（今でも700人くらいしかいません）。インターネット環境など整っていない時代ですから、日本からの情報はほとんど入ってきません。そのような環境では日本人同士が集まってしまうのも理解できる気がします。

　中国に在住する日本人は10万人を超えています。日本からの情報はいくらでも入ります。もちろん日本のテレビ番組もリアルタイムで見られます。今や国際人である日本人が日本人同士で群れる必然性はなくなっているのです。

## ●コミュニケーションが本気度を伝える

　私は中国駐在中に中国語をずっと勉強をしていましたが、仕事で十分に使えるレベルには至らず食事などで簡単な会話をするレベルまでにしかなれませんでした。しかし私の中国駐在中、また日本に帰国してからも何人かの日系メーカーのトップの方と会いましたが、中国語レベルのお話をすると、中国に3〜4年以上いてもほとんど中国語ができない方が

非常に多いことに驚きました。仕事上では日本語通訳を通して正確に仕事を進めることが大切なため、それでも問題はないと思います。しかし仕事以外では中国語で雑談をしてみることも大切だと思うのです。

　私たちが日本にいて、つたない日本語を使って一生懸命に道などを尋ねてくる欧米人と、英語一本槍で尋ねてくる欧米人とでは、どちらにより協力してあげようと思うでしょうか。私たち日本人は、中国人からどのくらい本気で中国でビジネスをしたいのかを推し量られていることを、忘れてはなりません。

### ●英語力は基本スキル

　私の経験では日本語の上手な中国人は、高い比率で英語も上手にできます（**図3**）。そして英語の上手な中国人になぜ英語ができるかを尋ねると、「学校で勉強したからです。日本人も一緒ですよね」との返事がきます。学校で勉強して身に付けられる程度の英語力は、日本人も同じようにできて当たり前だと思っているようです。当たり前のはずなのですが、このレベルは全く違うのです。

　中国で部品メーカーを訪問すると、日本語通訳がいなく英語で仕事を

**図3　中国人の英語力は、総じて日本人よりも高い**

せざるを得ない場合があります。日系メーカーにおいても日本語通訳が自部門にいない場合は、英語で部下に指示を与えます。その場合、日本人の英語力の低さは、中国人にとって信じられないレベルであるようです。私の中国駐在中に、その英語力のあまりの低さから部下にも慕われず、早期に日本に帰国した人もいました。

　英語力に関しては、既にどうしようもないと考える人もいると思いますが、中国およびアジア圏で仕事をする人でも、しっかりと勉強をする必要があります。

出典

本書は、日経BPが発行する製造業向けの月刊誌「日経ものづくり」に掲載した「中国工場の歩き方〜設計編〜」の連載コラムを基に加筆・修正した内容になっています。

- ●中国工場独特の「ヒト・コトバ・モノ」をまず理解せよ 〔第1回〕
- ●言葉でなく写真や数字で確認しよう 〔第2回〕
- ●ブラックボックスだった中国部品メーカーの再委託 〔第3回〕
- ●中国で「あうんの呼吸」は通じない、曖昧な依頼がトラブルを生む 〔第4回〕
- ●通訳にも通じない日本語を知る 〔第5回〕
- ●2次加工の外注時に確認すべきモノ 〔第6回〕
- ●「バリがあっても機能に問題ない」と言い張る中国人を説得して修正させた 〔第7回〕
- ●不良品生む現場に共通する「乱雑な現場」「勝手な変更」「意識の低さ」 〔第8回〕
- ●中国メーカーへの強要はダメ、でも妥協はもっとダメ 〔第9回〕
- ●中国工場は量産開始後も現場を管理すべし 〔第10回〕
- ●言われたこと"だけ"をするのが中国式 〔第11回〕
- ●失敗しない中国部品メーカーの選び方 〔第12回〕
- ●言葉を理解してもらう責任は日本人に、小6の国語を意識しよう 〔第13回〕
- ●中国人に確実に伝わる打ち合わせ 〔第14回〕
- ●不良発生時の訪問で確認すべき勘所 〔第15回〕
- ●汎用品の現地調達はリスク大 〔第16回〕
- ●中国人に誤解されにくい図面の描き方 〔第17回〕
- ●「検査」に対する誤解を解く 〔第18回〕
- ●出荷2年後に割れ始めた樹脂製カバー 〔第19回〕
- ●見積もりでやる気になってもらうためには 〔第20回〕
- ●中国でトラブルにならない仕事の進め方 〔第21回〕
- ●一目置かれる日本人になる3つのハードル 〔第22回〕

本連載の内容は日経BPのWebサイト「日経クロステック」でもご覧になれます。
URL：https://nkbp.jp/2FahMP0

**著者プロフィール**

小田 淳(おだ・あつし):ソニーにおいて2016年までの29年間、プロジェクターやモニターの製品化設計を行う。駐在を含む7年間の中国での製品化経験を生かし、「中国でトラブルのないモノづくりの進め方」を日本の設計者に伝えるべく、セミナーやコンサルを行う。中国での不良品やトラブルの発生原因は、日本の設計者の「設計力」にある、という視点に立ち、中国メーカーへのアプローチ方法の実践的かつ具体的なノウハウを伝える。

https://roji.global/

中国工場トラブル回避術 原因の9割は日本人

2020年11月16日　第1版第1刷発行

| | | |
|---|---|---|
| 著　　者 | 小田 淳 | |
| 発 行 者 | 吉田琢也 | |
| 発　　行 | 日経BP | |
| 発　　売 | 日経BPマーケティング | |
| | 〒105-8308　東京都港区虎ノ門4-3-12 | |
| 編　　集 | 日経ものづくり | |
| 装丁・制作 | 佐藤良雄(K3プラン) | |
| イラスト | 闇雲(ヤミクモ) | |
| 印刷・製本 | 図書印刷 | |

ISBN978-4-296-10741-4
©Atsushi Oda 2020
Printed in Japan